CATALOGUE

DES

COLLECTIONS PALÉONTOLOGIQUES

réunies par Jules BOURDOT

Ingénieur civil E. C. P.
Membre de la Société Géologique de France

DONT LA

VENTE AUX ENCHERES PUBLIQUES

AURA LIEU A PARIS

6, Rue de Lincoln (VIIIe Arrondt)

Les Lundi 16, Mardi 17, Mercredi 18 Novembre 1908,

et Jours suivants s'il y a lieu

de 9 heures 1/2 à onze heures 1/2
et de 2 heures de l'après-midi à 4 heures

PAR LE MINISTÈRE

DE

Me Louis GARNAUD,

Commissaire-Priseur

115, Faubourg Poissonnière. PARIS

ASSISTÉ DE

Alexandre STUER

Minéralogiste-Géologue, Expert,

4, Rue de Castellane.

PARIS

Conditions de la vente

La vente aura lieu les lundi 16, mardi 17 et mercredi 18 novembre 1908, et jours suivants s'il y a lieu, de 9 h. 1/2 à 11 h. 1/2 du matin, et de 2 heures de l'après-midi à 4 heures.

Les lots seront vendus en suivant l'ordre du catalogue.

La vente sera faite expressément au comptant ; il sera ajouté au prix des enchères 10 %, soit dix centimes par franc.

Les acheteurs pouvant se rendre compte, ainsi qu'il sera dit ci-après, de l'état des lots, il ne sera repris aucun lot une fois l'adjudication prononcée, pour quelque cause que ce soit.

Certains lots pourront être réunis par avance à la demande des acquéreurs, si l'expert le juge utile, et dans certains cas d'autres adjugés provisoirement pourront être groupés, et remis en vente sur mise à prix formée du total des adjudications provisoires, ceci pour tacher que certaines séries uniques ne soient pas disjointes.

Les personnes qui ne pourraient assister à la vente peuvent adresser leurs ordres d'achat à M. Alexandre Stuer qui se chargera d'exécuter leurs ordres (commission à débattre sur le prix d'achat pour manutention, emballage, etc.)

Les amateurs qui, adresseront leurs ordres d'achat voudront bien indiquer le prix maximum qu'ils comptent mettre à chaque lot ; frais non compris. Dans le cas où le lot n'atteindrait pas le prix fixé par eux, il leur sera naturellement compté le juste prix de l'adjudication, plus les frais.

Les acheteurs qui seraient embarrassés pour fixer un prix maximum aux lots qu'ils désirent obtenir n'auront qu'à nous faire parvenir leur desiderata ; l'expert se fera un cas de conscience de n'acheter pour leur compte qu'autant que les enchères seront dans les limites de prix convenable pour chaque lot.

Tous les lots qui ne pourront être enlevés immédiatement, ne pourront l'être qu'après la vente.

EXPOSITION

Une exposition publique des collections de M. Bourdot aura lieu les Samedi 14 et Dimanche 15 Novembre de 1 h. à 4 h.

De plus, sur demande adressée soit à M. Stuer soit à Me Garnaud, des visites particulières de la collection pourront être accordées, dans la mesure du possible.

Alexandre STUER,

Minéralogiste-Géologue, Expert.

MEUBLES

2 MEUBLES n° 1 et 9 (Acajou)

Chacun de 24 tiroirs.
Hauteur totale . . . . 2 metres 13 c.
Profondeur . . . . 25 cent.
Largeur totale. . . . . 60 centimètres.

---

1 MEUBLE n° 2 (Acajou).

48 tiroirs (en deux hauteurs réunies de 24 tiroirs).
Largeur totale 68 centimètres 1/2.
Hauteur totale (Il n'y a pas de pieds) 2 mètres 18.

---

2 MEUBLES n° 3 et 4 (Acajou).

Chaque meuble possède 20 tiroirs à deux boutons.
Hauteur (et pieds de 5 c/m.) 2 mètres 10 totale.
Profondeur extérieur. 24 c. Largeur extérieur . . 90 c.

---

3 MEUBLES n° 5, 6 et 10 (Acajou).

40 tiroirs chaque en deux hauteurs de 20.
Hauteur extérieur 2 mètres 5. Largeur extérieur 1 mètre 35

---

2 MEUBLES n° 7 et 8 (Acajou).

9 tiroirs chaque.

Le meuble :

Hauteur extérieur total. 1
Largeur 57
Profondeur. 50

---

7 MEUBLES n° 10, 11, 12, 13, 14, 15 et 16.

(**Chêne** clair 2 boutons).

Chaque meuble (pouvant former ensemble de 5 mètres de large et de 2 mètres de haut) Etat absolument de neuf.

La série contient, à raison de 21 tiroirs chaque, en tout 147 tiroirs.

4 de ces meubles sont séparés et 3 sont réunis par une simple moulure facilement détachable.

Chaque meuble :		Chaque tiroir :			
		Extérieur		Intérieur	
Largeur . .	0,70 cent.	Largeur.	64	Largeur.	61
Hauteur . .	2 mètres	Hauteur.	7 1/2	Hauteur.	6
Profondeur .	55 cent.	Profondeur	53	Prof.	50

Cette travée de 7 meubles conviendrait tout particulièrement à un Musée ou à un cabinet Géologique.

MEUBLES n° 17.
(Chêne teinté).

15 tiroirs à 2 boutons, devant mouluré partout.

Hauteur totale. . . . . 1 m. 65
Largeur totale. 76,5
Largeur totale. 49

(1 tiroir hors série de 10 cent. de hauteur dans le bas).

Une tablette de travail se tirant entre le huitième et le neuvième tiroir à partir du bas.

Profondeur intérieure de chaque tiroir 40
Largeur 66
Hauteur 6 1/2

NOTA. — Les meubles ne pourront être enlevés que trois jours après leur adjudication.

L'acquéreur d'un meuble faisant partie d'une série aura la faculté de prendre un ou plusieurs des autres meubles du même type et des mêmes dimensions, au prix d'adjudication du premier.

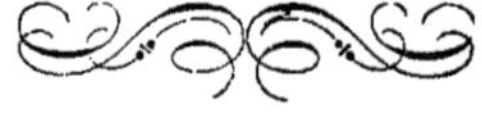

VENTE DU CABINET PALEONTOLOGIQUE
de M. Bourdot

Ire PARTIE

Livres scientifiques

(NOTA : Les Livres seront vendus au début le 16 novembre à 9 h. 1/2)

6. Rue Lincoln, Paris.

Nos

1 ARCHIAC (D') et HAIME. — Description des animaux fossiles du groupe mummulitique de l'Inde. Paris 1854 — in 4° 118 pages, 36 planches.

2 BAYLE et ZEILLER. — Explication de la carte géologique de France.
1re partie Fossiles principaux des terrains.
2e » Végétaux fossiles du terrain houiller. 176 planches, grand in 4° broché.

3 BEAUMONT (Elie de). — Leçons de Géologie pratique. Tome premier 1845, 557 pages. Tome second 1849, 282 pages.

4 BENOIST. — Description des céphalopodes, ptéropodes, etc. Gastropodes opistobranches. (Actænidès). in 4° broché, 77 pages, 5 planches.

5 BERNARD (Félix). — Eléments de paléontologie. Deux volumes in 8° brochés, 1893 et 1895.

6 BOISSY (DE). — Description des fossiles du calcaire lacustre de Rilly-la-Montagne. in-4°, 21 pages, 2 planches.

7 BOISSY (DE). — Monographie des scalidés vivantes et fossiles. Partie 1, in 4°, 150 pages, 5 planches. 1886.

Nos

8 BROCHURES DIVERSES

BOURY (DE). — Etude sur les sous genres des scalidæ.
Deux exemplaires.

COSSMANN. — Addition à la forme nummulitique d'Egypte.
Notes sur l'Infralias de la Vendée et des deux Sèvres.
Etude sur le bathonien de l'Indre.
Sur un gisement de fossiles bathoniens près de Cournes.
Observations sur quelques grandes Ovules de l'Eocène.

DAUTZEMBERG. — Liste des coquilles du golfe de Gabès.
Plus 28 brochures diverses.

9 BULLETIN DE LA SOCIÉTÉ GÉOLOGIQUE DE FRANCE

Année	1897	fascicule	7.
»	1901	»	2, 3, 4, 5.
»	1902	»	1, 3, 4, 5 et 6.
»	1903	»	1, 3, 4, 5, 6 et 7.
»	1904	»	1, 2, 3, 4, 5, 6.
»	1906	»	1, 2, 3, 4, 5, 6.

10 CHEDEVILLE. — Liste générale et synonymique des fossiles
10 bis tertiaires du Bassin de Paris. in 8° en feuilles 400 pages, 2 exemplaires séparés.

11 COLLENOT. — Description géologique de l'Auxois. in 8° relié, 1873, 660 pages.

12 CONGRÈS GÉOLOGIQUE INTERNATIONAL DE 1900
1° Comptes-rendus. 2 fascicules.
2° Guide géologique en France.

13 COSSMANN. — Etudes sur les gastropodes des terrains jurassiques. Grand in-4°, 167 pages, 6 planches.

14 COSSMANN. — Mollusques éoceniques de la Loire-Inférieure.
3 volumes in-8°, brochés et planches.

15 COSSMANN. — Essais de Paléoconchologie comparée.
6 livraisons. 1 (1895) 2 (1896) 3 (1899) 4 (1901) 5 (1903) 6 (1904).

16 COSSMANN. — Catalogue illustré des coquilles fossiles de l'Eocène des environs de Paris.
Volumes 1 à 5 et supplément (nº 3 du tirage exceptionnel a grandes marges de 20 exemplaires.) Avec appendices incomplets au nombre.

17 COSSMANN. — Nérinées Jurassiques.
176 pages in-4º brochés XIII planches. Tirage à part des Mémoires de la Société Géologique de France. — Paléontologie. — Tome VIII, fascicule 1 et 11.

18 COSSMANN et LAMBERT. — Etudes paléontologiques et stratigraphiques sur le terrain oligocène d'Etampes.
in-4º broché, 187 pages, 6 planches.

19 COSSMANN et PISARRO. — Faune éocénique du Cotentin.
2 volumes brochés in-8º, nombreuses planches.

20 COSSMANN et PISARRO. — Iconographie complète des
20 bis coquilles fossiles de l'Eocène des environs de Paris.
Fascicule 1 Planches 1 à 16
— 2 — 17 à 38
Deux exemplaires complets a détailler.

21 DESHAYES : Description des coquilles fossiles des environs de Paris. 2 vol. in-4º reliés. Texte et 1 Atlas de 65-101. 166 planches. Complet et en parfait état.

22 DESHAYES : Description des animaux sans vertèbres découverts dans le bassin de Paris pour servir de supplément à la description des coquilles fossiles des environs de Paris, comprenant une revue générale de toutes les espèces actuellement connues. 5 volumes in-4º dont 2 de planches tout relié et en parfait état.

23 DESLONGCHAMPS. — Etudes sur les Etages Jurassiques de la Normandie. 290 pages, 3 planches, in-4º broché 1864.

24 FISCHER. — Manuel de conchyliologie.
1370 pages, 24 planches, in-8º broché.

25 GAUDRY (Albert). — Animaux fossiles du Mont Léberon (vertébrés) (avec invertébrés par Fischer et Tournouer).
Grand in-4º complet, nombreuses planches.

26 HŒRNES. — Manuel de paléontologie.
741 pages, in-8º, broché.

Nos

27 KIENER. — Speciès général et iconographie des coquilles vivantes.

6 volumes in-4°, bonnes reliures.
1 volume Columellaires. 2. Purpurifères, 3, 4 et 5 Canalifères. 6. Ailés, turbinacés et enroulés.

28 LAPPARENT (de) Traité de géologie. 3e Edition 1893, 2 volumes,

29 LAPPARENT (de) et Fritel. Fossiles caractéristique des terrains sédimentaires. 1er fascicule. Fossiles primaires, 10 planches, in-4°.

30 LARTET et CHRISTY. — Reliquiæ Diluvianæ. 2e fascicule. Partie XIV, pages 1 à 204. XV pages 1 à 304.

31 PALÆONTOLOGIA UNIVERSALIS.

1re Série. Fascicule 1, 2 et 3. Planches 1 à 75
2e Série. Fascicule 1. Planches 75 à 94.

32 PETIT-CLERC (Paul). — Supplément à la Faune du bajocien inf. dans le nord de la Franche-Comté. 274 pages in-8°, 7 planches. 1901.

33 PETIT DE LA SAUSSAYE. — Catalogue des mollusques testacès des mers d'Europe. 312 pages, in-8°, 1869.

34 REYNES. — Monographie des ammonites du Lias. 1 volume in-8° de texte et 1 atlas grand in-4° de 18 planches

35 SCHMERLING. — Recherches sur les ossements fossiles, découverts dans les cavernes de Liège. 2 volumes reliés en un. Texte seul,

36 SEGUENZA. — Paléontologie malacologique des terrains tertiaires de Messine. 88 planchec, in-4° VIII planches.

37 STANISLAS MEUNIER. — Géologie des environs de Paris. in-8° relié 1875, 510 pages.

38 WOODWARD. — Manuel de conchyliologie. 634 pages in-8°, cartonné, 23 planches.

Nos

Mémoires de la Société géologique de France

DEUXIÈME SÉRIE. — TOME DEUXIÈME. — 1re PARTIE

39 D'ARCHIAC. — Etude sur la formation crétacée du versant Sud-Ouest du plateau central de la France, etc. etc.

DEUXIÈME SÉRIE. — TOME DEUXIÈME. — 2e PARTIE

40 RAULIN. — Formation d'eau douce du bassin de la Gironde.

D'ARCHIAC. — Rapport sur les fossiles du Tourtia.

DEUXIÈME SÉRIE. — TOME TROISIÈME

41 JULES MARCOU. — Recherches géologiques sur le Jura Salinois.

BOUÉ. — Etude sur la distribution géographique et géologique des minéraux, des minerais et des roches sur le globe.

CORNUEL. — Description de nouveaux fossiles microscopiques du terrain crétacé inférieur du département de la Haute-Marne.

St-ANGE DE BOISSY. — Description des coquilles fossiles du calcaire lacustre de Rilly la Montagne.

Mémoires de la Société géologique de France

TROISIÈME SÉRIE. — TOME PREMIER

42 SAUVAGE. — Mémoire sur les « Lepidosteus ».

FISCHER. — Paléontologie des terrains tertiaires de l'Ile de Rhodes.

TERQUEM. — Les Foraminifères et les entomostracées ostracodes de Rhodes.

TROISIÈME SERIE. — TOME DEUXIÈME

43 TERQUEM. — Ler Foraminifères de l'éocène des environs de Paris. in-4° 193 pages, 27 planches brochées.

Nos

TROISIÈME SÉRIE. — TOME TROISIÈME

44 COSSMANN et LAMBERT. — Oligocène d'Étampes.

45 PHILIPPE THOMAS. — Quelques formations d'eau douce de l'Algérie.

46 COSSMANN. — Contribution à l'étude du bathonien en France. Gastropodes.

TROISIÈME SÉRIE. — TOME QUATRIÈME

47 TERQUEM. — Les Entomastracés ostracodes du système oolithique de la zone à Ammonites Parkinsonni de Fontoy.

DEUXIÈME PARTIE

Collections Générales

TERRAINS PRIMAIRES

Lots nos

1 Série TYPIQUE des ETAGES SILURIENS CLASSIQUES de BOHEME, premier choix. (Provenant d'achat au Musée de Prague). — 150 espèces représentées par 425 exemplaires. Catalogue annexé à la collection contenue en 9 portoirs, formant meuble qui sera vendu avec. (S. A.)

2 SILURIEN inf. (ORDOVICIEN) de CINCINNATI : 18 tubes, 3 cuvettes, 80 exemplaires. T. 82
SILURIEN inf. (ORDOVICIEN). BILOBITES, TRILOBITES, etc. Angers, Traveuzot, Chateaubriant, 25 spécimens. T. 84

3 SILURIEN sup. (GOTHLANDIEN, Wenlocke Limestone) de Dudley. 30 spécimens, parmi lesquels : Perichocrinus moniliformis, Marsupiocrinus coelatus, Cyathocrinus goniodactylus Dimerocrinus icosidactylus. Trilobites et Polypiers, 1er choix. T. 83
SILURIEN SUP (GOTHLANDIEN). — 60 tubes et cuvettes de Dudley et de Bohème. 80 exemp. T. 79

4 GOTHLANDIEN de GOTHLAND. — 200 espèces, 400 exemplaires. Série classique, mais de 1er ordre, bien déterm., parfait état. T. 156, 157, 158, 159, 160

5 DEVONIEN divers Manche (Coblentzien. Nassau, (Frasnien) Asturies, (Eifelien). — 225 cuvettes, 10 tubes, 50 exemplaires. T. 77
DEVONIEN (COBLENTZIEN) de la Baconnière,

Lots n°ˢ

St-Germain le Fouilleux, Sablé, Néhou, St-Jean sur Mayenne, Viré. — 80 tubes, 3 cuvettes, 250 exemplaires env. T. 78

6 CORNIFERE de l'OHIO (EIFELIEN). — 10 CYATHOPHYLLUM. DEVONIEN de Paffrath et de l'Eifel (Eifelien et Givetien). — 12 tubes, 60 exemplaires. T. 75
DEVONIEN de Paffrath (Givetien). — 65 tubes et cuvettes, 150 exemplaires. Superbe série, bien déterminée. T. 76

7 DEVONIEN SUPERIEUR du Nassau (Famennien), Schistes à cypridina (5 cuvettes) 2 Posidonomya Becheri. 2 Poissons des vieux grés rouges d'Ecosse. DEVONIEN du Pas de Calais (Frasnien). — 16 tubes et 3 cuvettes, 100 exemplaires. 1 superbe Stenocrinus decadactylus et 2 Fossiles divers. T. 74

8 DINANTIEN ou CULM de Tournai et de Visé (Belgique), série de premier ordre. — 36 tubes, 7 cuvettes, 43 espèces, 68 exemplaires. Céphalopodes et Lamellibranches, Cardiomorpha, Solemya, Aviculopecten, Conocardium, Nystia, Meleagrina, Protoshyzodus, Scaldia, Paloearca, etc. T. 69
22 échantillons. Gros céphalopodes, Gros polypiers, et gros Brachyopodes. T. 69 bis
137 tubes, 9 cuvettes, 145 espèces, 200 exemplaires, Gastropodes. T. 70
78 tubes, 15 cuvettes et fossiles isolés, 93 espèces, 180 exemplaires, Brachyopodes. T. 71
49 Polypiers, 95 exemplaires ; 53 Crinoïdes, 85 ex. En plus, 9 Crinoïdes de Burlington. T. 72
54 tubes, 7 cuvettes, 120 exemplaires. Helmintochiton, Philippia, Nautilus Cyrtoceras. T. 92
3 cuvettes de Polypiers.
NOTA. — Cette série de Tournai est représentée d'exemplaires de tout premier choix, et exactement déterminée. C'est incontestablement une des plus belles qui existent. Se trouvent dans le même tiroir, et viennent ensuite pour être vendu avec : Crinoïdes du carbonifère de l'Indiana dont : Cyathocrinus multibrachiatus, Poteriocrinus decadactylus, Platycrinus hemisphericus, Archimedipora. Puis : 5 cuvettes de Fossiles de la Carrière Napoléon de Ferques. T. 73

9 CARBONIFERE INF. du CANADA (Groupe de Windsor) Brachyopodes. — 33 cuvettes, 4 tubes,

Lots nos

très nombreux exemplaires, la plupart déterminés. T. 266

CARBONIFERE de l'OHIO (Groupe de Horton Bluff. — 50 cuvettes, 64 exemplaires. T. 264, 265

10 PLANTES HOUILLERES, 35 spécim. T. 261, 262, 263
Petit-Cœur, près Moutiers. T. 256, 257

11 Id. 34 spécimens. T. 258, 259, 260

12 Id. 30 spécimens dont 20 de Petit-Cœur, près Moutiers. T. 256, 257

13 Id. 30 spécimens. T. 253, 254, 255

14 HOUILLER DIVERS. 2 Poissons de Commentry ; 6 plantes et divers. Permien inf. de Lebach, Lodève, etc. Poissons et plantes, 9 ex. (Amblypterus, 2 ex. de Xenacanthus Decheni). T. 251, 252

15 PERMIEN de THURINGE. — 27 cuvettes, 10 tubes, 50 espèces env. 100 exemp. Série de premier choix. T. 249
Permien moyen et Kupferschiefer. — 4 Poissons du Mansfeld, 1 Plante. T. 250

TERRAINS SECONDAIRES

Série TRIASIQUE

16 MUSCHELKALK DIVERS, VAR, VOSGES, etc. — 30 cuvettes environ, 7 tubes. Ceratites Nautilus. Lima Brachyopodes. 1 bel exemplaire d'Encrinus Liliformis. Série classique et en parfait état. T. 247, 248

17 VIRGLORIEN (Norique et Carnique) du SALZKAMMERGUT et autres. — 45 cuvettes, 80 échantillons. Plus 2 moulages de Trachyceras aonoïdes. T. 162, 163

18 SALIFERIEN de ST-CASSIAN (Tyrol). — 62 tubes, 200 exemplaires, provenant d'échanges avec le docteur Klipstein. T. 164

19 HETTANGIEN de HETTANGE. — Plantes et coquilles, 30 espèces env. 80 ex. (P. 3 et P. 33)

Lots n°s

20 SINEMURIEN et HETTANGIEN du CHER, de L'AUXOIS, MEURTHE et MOSELLE, etc. — 10 cuvettes, 30 tubes, 350 exemplaires, 125 espèces environ ; série classique. T. 242 à 245

21 LIAS moyen divers du CHER, de l'AUXOIS, de la Normandie, etc. etc. — 74 cuvettes, 45 tubes, 125 espèces, 260 ex. env. T. 236 à 240

22 LIASIEN de SUBLES (Calvados), premier choix. — (Portoir 8), 8 cuvettes, 8 espèces, 19 ex. (S. B.)
TOARCIEN et OPALINIEN divers. — Millau (50 tubes) ; La Caine (13 cuvettes) ; Wassy et autres, (32 cuvettes) ; La Verpilière (11 cuvettes). Série classique d'environ 100 espèces en nombreux et bons exemplaires. T. 233, 234, 235

23 BAJOCIEN de NORMANDIE et divers. — 55 cuvettes, 36 tubes, 90 espèces, 175 ex. env., série clas. Bonnes et grandes Ammonites . T. 230, 231, 232

24 BATHONIEN divers : Calvados, Ardennes, etc. — 80 cuvettes, 9 tubes et 250 exemplaires env. Fossiles classiques. T. 227, 228, 229

25 CALLOVIEN de la SARTHE, DOMFRONT, ST-BENOIT et MONTBIZOT. — Quatre portoirs (1, 2, 3, 4), 110 cartons, 225 ex. tout 1er choix. (S. B.)

26 CALLOVIEN et OXFORDIEN divers. — Localités : Neuvizy, Villers, La Voulte, Hauteville (Côte d'Or). Deux portoirs (5 et 6), 49 tubes, et 45 exemplaires isolés en tout, 125 exemplaires. (S. B.)
Ces deux lots pourront être réunis et revendus sur surenchère.

27 SEQUANIEN de VALFIN et OYONNAX (Jura). — (Portoir 9), 55 espèces, 100 exemplaires env. premier choix. (S. B.)

28 SEQUANIEN d'ECOMMOY (Sarthe) premier choix. (Portoir 7), 30 cartons, 100 exempl. . (S. B.)

29 KIMMERIDIEN du CAP de la Hève, Pinna, Trigonia, Vertebrés. — 10 ex. Plus divers. T. 179
10 Roches fossilifères du Kimméridien. T. 180
(Portoir 6 et 7) KIMMERIDIEN de SOLNHOFEN. — 12 cuvettes, 30 exemplaires. Poissons Ammonites et Aptichus. (S. E.)

Série CRÉTACÉE

Lots nos

30 HAUTERIVIEN de HAUTERIVE. — 40 espèces, 100 exemplaires env. T. 148
NEOCOMIEN des BASSES-ALPES. Crioceras, Macroscaphites, etc., 20 espèces, 30 ex. env. T. 146
NEOCOMIEN divers. 20 espèces, 27 ex. T. 147

31 URGONIEN d'ORGON (Bouches du Rhône). — 12 espèces, 29 exempl. — RHODANIEN de SAINTE-CROIX, 20 espèces. 35 exemplaires. T. 145
APTIEN de la BEDOULE (Var). 25 espèces, 70 ex. (5 Crosses de grands Ancyloceras). T. 143, 144

32 VRACONIEN de STE-CROIX (Suisse). — 12 tubes, 56 cuvettes. 70 espèces, 150 spécimens. T. 137
PHOSPHATES de FIENNES (Pas de Calais) : 35 tubes, 8 cuvettes, 40 espèces, 148 ex. T. 138

33 ALBIEN de la PERTE du RHONE (Ain). — Environ 50 espèces. 100 exempl. T. 139
GAULT DE FOLKESTONE (Angleterre) : 26 tubes, 7 cuvettes, 30 espèces ,40 ex. 1er choix. T. 140

34 ALBIEN divers, DIENVILLE, COURCELLES (Aube), ESCRAGNOLLES (Var). — 50 espèces environ, 174 exempl. T. 141 142

35 CENOMANIEN D'ALGERIE. — Oursins et divers. 27 spécimens de Batna et environs. CENOMANIEN des BOUCHES DU RHONE et du VAR, Echinides et Brachyopodes, 35 spécimens. T. 130
CENOMANIEN (RHOTOMAGIEN) de ROUEN. 45 fossiles et 12 tubes d'Ammonites, Scaphites, Turrilites, Lamelle branches, etc. — CENOMANIEN divers, 38 spécimens. T. 131

36 TOURTIA de CHERQ près TOURNAI. — 97 tubes, 26 cuvettes, 80 espèces, 300 spécimens. Série de premier ordre, introuvable aujourd'hui. Parfait état de conservation, tout déterminé. T. 132, 133

37 MEULE de BRACQUEGNEHIES. — 23 tubes et 3 cuvettes, 25 espèces, 115 spécimens. Série de premier ordre. Rare. Parfait état de conservation. Bien déterminée.

38 CENOMANIEN du CAP la HEVE. — 60 tubes, 40 cuvettes, 100 espèces, 300 exempl. Très bonne série. En parfait état de conservation. T. 135 et 136

Lots n°s

39 TURONIEN de GOSAU. — 25 spécimens, Hyppurites. Radiolites, etc., etc. T. 124
TURONIEN de GOSAU et Divers. 50 tubes. T. 178

40 TURONIEN et SENONIEN de la PROVENCE. — 60 espèces, 200 ex. T. 186, 187
TURONIEN du BEAUSSET et environs : 35 spécimens, Hyppurites, Polypiers et divers. T. 127

41 TURONIEN d'UCHAUX. — 114 exempl., 50 espèces contenues dans 15 cuvettes et 36 tubes. T. 125
TURONIEN de l'AUDE et des CHARENTES, SOUGRAIGNES, RENNES LES BAINS, etc. : 33 spécimens. Hyppurites, Polypiers et divers. T. 126
TURONIEN divers, BOUSSE et autres : 12 spécimens. T. 128

42 CRAIE CAMPANIENNE de MEUDON (S. et Oise). — 300 exemplaires environ composant une très belle série à peu près complète, introuvable aujourd'hui. T. 117, 118, 119, 120, 121, 153, 154.

43 CRAIE CONIACIENNE de la CHARENTE, 25 spécimens. — CRAIE blanche de HARMIGNIES, de Nouvelle (Hainaut), 40 spécimens. T. 122
CRAIE blanche, Amiens, Reims, Villedieu, 36 spécimens dont 24 Oursins. T. 123

44 CRAIE blanche de CIPLY (Belgique). — 50 tubes, 20 cuvettes, 70 espèces, 200 exempl. Série de tout premier choix. T. 112

45 CRAIE Tuffeau de Maestricht et Ciply. — 11 tubes, 24 cuvettes, 35 espèces, 59 exemplaires, premier choix. T. 113 et 114
HERVIEN, AACHENIEN, CRAIE blanche de Galoppe, CRAIE TUBULEE de Meudon. — 18 spécimens, dont 2 cycadopsis Aquigranensis. T. 115
CRAIE TUBULÉE de Meudon (Seine). — 8 cuvettes, 15 échantillons ; CRAIE blanche de PORT MARLY (Seine et Oise), 23 spécimens, Ananchytes, Ostrea Inoceramus Rhynchonella. T. 116

46 CALCAIRE PISOLITHIQUE de Meudon (S. et Oise), (Danien. — 35 spécimens compris dans 11 tubes et 10 cuvettes, Echinides, Gastropodes, Lamellibranches, (Nautilus Danicus. Série introuvable, la couche n'existant plus. T. 109
CALCAIRE PISOLITHIQUE de VIGNY (S. et Oise). 13 tubes, 35 spécimens. — CALCAIRE PISOLITHI-

Lots n°

QUE de la Faloise et de Montainville (S. et Oise). 62 ex. env. compris dans 25 cuvettes. T. 110

47 DANIEN de FRESVILLE et ORGLANDES (Manche), 150 spécimens comprenant 50 espèces contenues dans 20 cuvettes et 36 tubes. — GARUMNIEN de la Haute-Garonne et CENOMANIEN d'Algérie. (Se trouvant dans le même tiroir) 20 ex. T. 182

48 BEGUDIEN de ST-REMY (B. du Rhône).— 14 espèces en tubes et 1 Bulimus proboscideus. — ROGNACIEN des BAUX, 22 espèces dont 21 tubes ; puis se trouvent dans le même tiroir et allant avec : PLIOCENE BRESSAN, 6 tubes, 30 ex. ; PLIOCENE de HAUTERIVE, 8 espèces, 18 exemplaires ; SABLES à NASSA PRISMATICA du BOSC d'AUBIGNY, 6 exemplaires. T. 10

49 MONTIEN DE MONS. — 100 Tubes environ dont : 25 bivalves et polypiers. Seuls les bivalves, non décrits, sont indéterminés. Etant donné la difficulté de se procurer ces fossiles, cette série est de toute rareté. T. 24

TERRAINS TERTIAIRES

50 THANETIEN de JONCHERY, CHALONS-S.-VESLE, CHENAY et PROUILLY (Marne).
Série de tout premier ordre et unique. Nous ne citons aucune rareté, car ce serait les citer toutes.
70 Tubes, 1.000 Exempl. env. T. 25
73 Tubes. 800 Exempl. env. T. 26
49 Tubes. 500 Exempl. env. T. 27

51 Id.
67 Tubes. 600 Exempl. env. T. 28
40 Tubes. 300 Exempl. env. T. 29
(3 Rostellaria Marceauxi. 2 cyprea prisca complètes)
64 Tubes. 1.200 Exempl. env. T. 30

52 Id.
75 Tubes. 1.000 Exempl. env. T. 31
55 Tubes. 500 Exempl. env.
9 Tubes de teredo Oweni, 10 panopea Remensis.

Lots nos

50 Exemplaires de Thracia, Gari, Psammobia, Tellina, en parfait état et complets. T. 32
80 Tubes, 700 Exempl. T. 33

53 Id.
25 Tubes et 3 Cuvettes, 300 ex. Cytherea, Cyrena, Cyprina, etc. T. 34
40 Tubes et 35 Cuvettes. 500 ex. Cardium, Lucina, etc. T. 35

54 Id.
37 Tubes, 3 Cuvettes, 300 ex. Ostrea Mytilus, Arca Nucula, Pectunculus. T. 36
5 Tubes. Gros bivalves, Cucullea, Ostrea. Pectunculus. T. 37
16 Tubes, 3 Cuvettes, 1 carton. 1.000 exemplaires. Ostrea et divers. T. 38
Cette série de *Thanetien* constitue une série unique contenant 8.000 exemplaires de TOUT PREMIER CHOIX, soit environ 695 tubes, formant 600 espèces environ.
Ces lots : 49 à 54, sur demande, seront réunis et vendus s'il y a lieu sur surenchère.

55 CALCAIRE de RILLY (Marne). (THANETIEN).
33 Tubes. 2 Cartons. Série Classique. Série contenant de très bonnes coquilles. T. 39
MONT BERNON (Facies de RILLY et même faune)
48 Tubes. 2 Cartons. T. 40

56 THANETIEN de BRACHEUX. 30 Tubes et Cuvettes. 60 ex. env. T. 13
THANETIEN d'ABBECOURT. Environ 50 Tubes et Cuvettes. 200 ex. T. 12

57 THANETIEN (Sables de BRACHEUX) (Oise). 25 espèces, 30 Cuvettes, 175 ex. T. 191 et 192

58 LANDENIEN de TOURNAI. 37 Tubes et Cuvettes, 60 ex. T. 17

59 SPARNACIEN de SAINCENY (Aisne). 38 Tubes et Cuvettes, 400 ex. env. T. 41
SPARNACIEN de SAPICOURT (Marne). 131 Tubes, 700 exemplaires env. T. 42

60 SPARNACIEN de (SARRON, RILLY, SOISSONS, etc.)
100 Tubes et Cuvettes, nombreux exemplaires : Paludina Suessoniensis, Unio Wateleti superbes. T. 18 et 19

Lots n°s

SPARNACIEN de POURCY. 70 Tubes et Cuvettes, 300 exemplaires. T. 20

61 Séries paléontologiques du lutétien (Hors Série), contenant exclusivement les subtilités si intéressantes : Foraminifères, Serpulorbis, Algues calcaires, Ovulites, etc., etc. La plupart non déterminés, avec sans doute beaucoup de nouveautés.
55 Tubes. T. 21
45 Tubes, 1 Cuvette. T. 22
53 Tubes, 1 Cuvette. Plus 2 Tubes d'Echinides. T. 23

62 YPRESIEN de CUISE LAMOTTE. Liancourt Aizy. Cypræa Levesquei, Gillocourt. Hérouval, St-Gobin. (Suite). 185 Tubes et 6 Cuvettes, nomb. ex. T. 14
85 Tubes. 600 exemplaires environ. (Morio diadema, Faunus vulcanicus, Voluta Wateleti, Cerithium pyrenoeformis, Gladius Sublævigatus, etc. T. 15

63 Id. PIERREFOND, AISY, LE ROQUET, HEROUVAL, CŒUVRES, 100 Tubes et Cuvettes, un millier d'exemplaires. (Gervillia coccnica, Spondytus Vaudini, Pandora dilatata, Desh. T. 16

64 Id. 67 Tubes, exemplaires innombrables, Foraminifères, Algues calcaires, Céphalopodes, et. T. 43
66 Tubes, très nombreux exemplaires. Bryozoaires, Oursins, dentales, Opercules de coquilles Crustacés cypris). T. 44
50 Tubes environ. 3 Cuvettes, très nombreux exemplaires. T. 45
65 Tubes . Exemplaires innombrables. T. 46

66 Id. 105 Tubes, ex. innomb. — 74 Tubes dont 30 de Scalidés, très nombreux exemplaires. T. 48

67 Id. 57 Tubes, très nombreux ex. (Natices). T. 49
60 Tubes, très nombreux exempl. (Natices). T. 50

68 Id. 50 Cuvettes, (Natices), nombreux ex. T. 51
90 Tubes, Turitella, etc., exemp. innomb. T. 52

69 Id. 90 Tubes Cerithes, nombreux exemplaires. T. 53
55 Tubes, nombreux exemplaires. T. 54

70 Id. 190 Tubes, nombreux exemplaires. T. 55
125 Tubes, nombreux exemplaires. T. 56

71 Id. 85 Tubes, 7 Cuvettes, nomb. ex. T. 57
124 Tubes, 4 Cuvettes, nomb. exemplaires. T. 58

Lots n°s

72 Id. 69 Tubes, nombreux exemplaires. T. 59
779 Tubes, 7 Cuvettes, nomb. exemp. T. 60

73 Id. 100 Tubes, 2 Cuvettes, nombreux ex. T. 61
60 Tubes, 3 Cuvettes, nombreux ex. T. 62

74 Id. 85 Tubes, 1 Cuvette, très nombeux ex. T. 63
112 Tubes, très nombreux exemplaires. T. 64

75 Id. 103 Tubes, très nombreux ex. T. 65
95 Tubes et 2 Cuvettes. T. 66

76 Id. 85 Tubes et 5 Cuvettes. T. 67
Conglomerat de l'Argile plastique de Vaugirard. Environ 10 espèces, et divers Sparnacien. 7 espèces (Hors série). T. 68
Cette très belle série de l'YPRESIEN pourra sur demande être réunie, et vendue sur surenchère. Elle contient 15 lots de 62 à 76. — 2.600 tubes et cuvettes et un nombre incalculable d'espèces de de fossiles.

77 NUMMULITIQUE divers de l'AUDE et de l'ARAGON. — 25 Tubes, 10 Cuvettes, 125 ex. env. T. 194
NUMMULITIQUE du MOKATTAM (Egypte). — 7 espèces, nombreux exemplaires.
Puis, se trouvant dans le même tiroir BASSIN DE MAYENCE et divers, 50 Tubes, 250 exemplaires.
MEULLERE DE BEAUCE de Montjavoult, 12 Tubes, 25 exempl. env., qui seront vendus avec. T. 202

78 BRUXELLIEN de LACKEN et environ de Bruxelles. Dents de Squales. Oursins. Coquilles, la plupart à l'état de moules, Teredo, Plantes, etc. Toute la faune et la flore aussi bien représentée que possible. — 68 Tubes, 113 Cuvettes, et 6 ex. isolés, en tout environ 600 spécimens. T. 198, 199, 200, 201

79 WEMMELIEN de WEMMEL. — 100 espèces environ 350 à 400 ex. Série très rare à se procurer, et aussi bien représentée que possible. T. 203
PANNISELIEN de PANNISEL. — 50 espèces, 90 exempl. série aussi bien que possible. T. 204

80 LUTETIEN SILICIFIE de PIERRELAYE. — Environ 100 Cuvettes diverses. (Dans le même tiroir, dents et divers). T. 386

81 SERIE du BOIS GOUET (LUTETIEN). — Série de

Lots n°s

tout premier ordre. 4 Cuvettes de très bon triage à séparer. Exemplaires innombrables et en parfait état. T. 267

82 & 83 Id. 25 Cuvettes de Coqui.les dont 12 de genre séparés pour le classement et 13 à trier. Plus 48 Tubes d'espèces à l'étude. Premîer ordre. T. 268

84 Id. 121 Tubes de Bivalves. Cardita, Gari, Sunetta, Anomia, Arca, Cardinia, Nucula, Lucina, Corbula, Teredo, etc. Exemplaires de tout premier choix, et en nombre considérable. T. 270

85 Id. 137 Tubes et 3 Cuvettes de Gastropodes holostomes. Natica, Nerita, Emarginula, Dentales, Siphonodentales, Patella, Acirsella, Phasianella, Syrnola, Parmophorus, Scutum, etc., etc. Scalaria, Trochus, Delphinula, Liotia. Tous déterminés ; tout premier choix. Exemplaires en nombre considérable. T. 271

86 Id. 80 Tubes de Gastropodes holostomes, Assiminea, Lacuna, Xenophora, Calyptraea, Hypponyx, Disostoma, Littorina, Discohelix, Bayania, Mesalia, Turritella, Velainella, Vermetus, etc.
Puis : commencement de Syphonostomes, dont 35 Tubes et 4 Cuvettes. Diastoma Potamides, Bachytrema, Vertagus, Teliostoma, Bittium, etc., T. 272

87 Id. 76 Tubes, 12 Cuvettes de Gastropodes Siphonostomes, Potamides, Strepsidura, Batillaria, Tritonoidea, Cyprœa, Murex, Melongena. T. 273

88 Id. 163 Tubes, 2 Cuvettes de Gastropodes siphonostomes, Mitra, Volutilihes, Marginella, Olivella, Ancilla, Cancellaria, Hemiconus, Cryptoconus, Cordieria, Eri.lia, Crassispira, Raphitoma, Peratotoma, Terebra, Cylichna, Marinella, Auricula, etc. T. 274
Cette série du Lutetien du Bois Gouèt, formant 8 lots, 8 tiroirs, 700 tubes, 30 cuvettes, sans compter les coquilles à trier et comprenant les lots 81 à 88 pourra sur demande être vendue sur surenchère du produit additionné de chaque lot.

89 SERIE du LUTETIEN de FRESVILLE et HAUTEVILLE (Manche). — 155 Tubes et 1 Cuvette de Foraminifères, echinides, Crustacés bivalves, à déterminer. Ex. considérables. T. 275

90 Id. 155 Tubes et 8 Cuvettes de Bivalves et de gastropodes divers, la plupart indéterminés. T. 276

Lots n°ˢ

91 Id. 128 Tubes : Céphalopodes et Gastropodes holostomes, Vasseuria, Belosepia, Dentales, Acmoea, Fissurella, Emarginula, Tinostoma, Liotia, Delphinula, Trochus, Turbo, Collonia, Lacuna, Nerita, Phasianella, Acirsa, Scala, Natica. T. 277

92 Id. 58 Tubes et 5 Cuvettes : Gastropodes holostomes, Natica, Hypponyx, Mesalia, Homalaxis, Solarium, Solariella, Vermetus. Puis : Gastropodes siphonostomes. — 64 Tubes de Cerithidès et 2 Cuvettes de Cerithium cornucopiœ = (Bigoti : 3 exemplaires). T. 278

93 Id. 77 Tubes et 11 Cuvettes de Gastropodes Syphonostomes, divers : Cerithidès Triton, Tritonoidea Sycum, Voluta, Lyria Clavella, etc. T. 279

94 Id. 124 Tubes de Gastropodes syphonostomes, Marginella, Conus, Volutolyria, Pleurotoma, Dolycholatyrus, Mitra Strigilla, Ancilla, etc. T. 280

95 Id. 35 Tubes et 13 Cuvettes de Bivalves et de triages. T. 281, Première Partie).
Sur demande cette série, comprenant : 7 lots, 7 tiroirs, 796 tubes, 25 cuvettes, sans compter les choses à trier, contenues dans le lot pourra être réunie et vendue sur surenchère.

96, 97 et 98. Hors série. Fossiles du Lutétien et du Bartonien. 2 Rostellaria Athleta, Fusus maximus, 8 Turitella terebellata. 8 Lucina gigantea doubles et simples. 2 Natica scalariformis, seront vendues à part. T. 281 (Deuxième Partie).

LUTETIEN

99 LUTETIEN. Triton divers. — 100 tubes et 10 cuvettes. Premier Ordre (très bon tiroir). T. 387

100 Id. Columbella PSEUDOLIVA, Tiphys, Murex (dont 7 Murex Bernayi). — 117 tubes, 14 cuvettes, premier ordre. T. 388

101 Id. Strepsidura, Melongena, Sipho, Genéa, Euthria, Cyrtochetes (Buccinum ; dont 12 Bistriatus). Siphonalia, Tritonoidea, etc., etc. 190 tubes, 5 cuvettes, premier ordre. T. 389

Lots nos

102 Id. Janiopsus, Latyrofusus, Sycum, etc. — 40 cuvettes, 30 tubes. T. 390

103 Id. Genre Fusus. Groupe : Longœvus, Maximus, Intortus, etc. — 30 cuvettes, 41 tubes, 210 ex. env. premier ordre. T. 391

104 Id. Genre Fusus. Groupe : Angulatus, Rugosus. — 64 tubes, 26 cuvettes, 250 exemplaires environ, premier ordre. T. 392

105 Id. Genre Fusus (fin). — 11 cuvettes (10 Fusus Gothicus). Mitra 125 tubes, (15 Mitra Parisiensis), premier ordre. T. 393

106 Id. Genre Voluta. — Leptoscapha, Psephoea, Turricula, Conomitra. - 26 cuvettes, 110 tubes, très nombreux exemplaires, premier ordre. T. 394

107 Id. Genre Voluta. — groupe : Cythara, Lineolata, Crenulata, bicorona, etc., etc. — 21 cuvettes, 80 tubes, premier ordre, très nombreux exemp. T. 395

108 Id. Genre Voluta. —groupe : Muricina et Musicalis. puis Volvaria et Lyria. — 35 cuvettes, 45 tubes, premier ordre, très nombreux exemplaires. T. 396

109 Id. Genres : Marginella Cryptospira, Persicula, etc. — 260 tubes très nombreux exemplaires, premier ordre. T. 397

110 Id. Genres : Eocythara (125 Harpa Mutica environ). Ancilla, Sparella, Uxia (Cancellaria) Tortoliva, Swetellia, Coptostoma, Admeta. (En somme Ancillaires et Cancellaires). — 18 cuvettes, 175 tubes, premier ordre, très nombreux exemplaires. T. 398

111 Id. Conus et Hemiconus. — 25 cuvettes, 120 tubes, premier ordre, très nombreux exempl. T. 399

112 Id. Pleurotomidès. — Genres : Genotia, Pseudotoma. Cordiera, Conorbis, Cryptoconus, etc. (Pleurotoma et Borsonia). — 8 cuvettes, 175 tubes, premier ordre, très nombreux exemplaires. T. 400

113 Id. Pleurotomidès. — Genres : Bela, Bathytoma, Eopleurotoma, Pleutoma, etc. — 3 cuvettes, 200 tubes, premier ordre, très nomb. ex. T. 401

114 Id. Pleurotomidès. — Genres : Oxyacrium, Drilla, Crassipira, etc. — 9 cuv., 220 tubes, prem. ordre, exemplaires innombrables.

Lots nos

115 Id. Pleurotomidès. — Genres : Peratotoma, Margilia, Raphitoma. Puis Terebra. — 20 cuvettes, 150 tubes, premier ordre, très nombreux exempl. T. 403

116 Id. Genres : Proscutum, Rimula, Scutum, Emarginula, Chiton. Puis Pulsellum, Helcyon, Siphonodentalium, Gadus, Dentalium. — 265 tubes très nombreux exemplaires, premier ordre. T. 408

117 Id. Genres : Boutilliera, Gibbula, Liotia. (60 Warnii 125 Gervillei), Trochus (15 Mitratus de grande taille). Turbo (12 Squamulosus de grande taille), Pleurotomaria, (1 complet, 2 jeunes, et de nombreux fragments), Calliomphalus (2 Trochiformis, Tinostoma, Delphinula, (9 Regleyana, très belles), 120 tubes, 20 cuvettes, exemplaires très nombreux, tiroir de tout premier ordre. T. 409

118 Id. Genres : Nerita, Tomostoma, Phasianella. Neritopsis, Collonia, Calliostoma (dont six PRINCEPS), de toute rareté ; Turbo, Norrisia, Platychylus. Solariella, Eumargarita. — 250 tubes, 1 cuvette, tout premier ordre, exemp. innomb. T. 410

119 Id. Genres : Adeorbis (environ 35 tubes) et SCALIDES (165 tubes). — Foratiscala, Acirsa, Canaliscala. Tenuiscala, Crassicala, Pliciscala, Dentiscala, Parviscala, Cirsotoma, Acrillia, Crisposcala. Toutes les déterminations revues par M. de Boury. — 200 tubes, tiroir de tout premier ordre, très nombreux exemplaires. T. 411

120 Id. Genres : Stylifer, Niso Eulima, Murchisoniella, Turbonilla, Belonidium, Pyramidella, S y r n o l a, Odontostoma. — 260 tubes, nombreux ex. T. 411

120 bis Id. Genres : Stylifer, Niso, Eulima, Murchisoniella, Turbonilla, Belonidium, Pyramidella, Syrnola, Odontostoma. — 260 tubes, nombreux exemplaires, premier ordre. T. 412

121 Id. Genres : Natica et Sigaretus. — 50 cuvettes, 120 tubes, premier ordre, ex. innombrables. T. 413

122 Id. Genres : Natica et Ampullaria. Parmi : une vingtaine de « Natica producta », 80 tubes, 30 cuvettes, premier ordre. Très nombreux ex. T. 414

123 Id. Genres : Natica (2 Hybrida), 6 Scalariformis, Lacunaria, Cymenoritis, Crepidula, Capulus, Calyp-

Lots nos

traea, Hypponix, Xenophora. — 135 tubes, 30 cuvettes. T. 415

124 Id. Genr. : Truncatella, Disostoma, Assiminea, Stalioia, Valvata, Lapparentia, Bythinella, Ceratia, Hydrobia, Paludina, Nystia, Acropeltis, Rissoia, Stenothira, Dialopsis, Pseudotaphrus, Rissoina, Chevalleria, Solarium, Littorina, Cossmannia. -- 318 tubes, exempl. innomb., tiroir de tout premier ordre. T. 416

125 Id. Genr. : Lacuna, Lacunodon, Lacunoptyxis, Faunus, Bayania, Euchylotheca, Thecopsella, Coecum, Turritella. — 160 tubes, 10 cuvettes. Très nombreux exemplaires, série de premier ordre. T. 417

126 Id. Genres : Vermetus, Serpulorbis, Tuba, Mathildia, Siliquaria, Mesalia, Scaliola, Eligmostoma. — 160 tubes, 5 cuvettes, tiroir de premier ordre. T. 418

127 Id. Une boîte contenant : 5 Siliquaires triata complètes et de nombreux exemplaires moins entiers, mais encore en parfait état. Plus : 6 Turritella terebelata, avec le labre entier.

128 Id. Cerithidès. Genres : Benoistia, Cerithioderma, Vulgocerithium, Cerithium (parmi, exceptionnel, 1 Cerithium filiferum complet. 2 Cerithium decussatum complets, 5 cuvettes, 120 tubes, premier ordre. T. 419

129 Id. Cerithidés. — Campanile (Benechei, 8 ex. de toutes tailles. Giganteum, jeune âge, très beaux, 16 exemplaires. Parisiense, 2 beaux exemplaires ; Hemicerithium, Tenuicerithium, Semivertagus, Vertagus, Besanzonia, 9 ex. complets. 13 cuvettes, 120 tubes, premier ordre. T. 420

130 Id. Cerithidès. Cerithidès. Triforis, Newtonia, Cerithiopisis, Fastigiella, Teliostoma, Sandbergeria, Mélanidées. Diastoma. 3 cuvettes, 235 tubes, premier ordre. T. 422

132 Id. Cerithidès. Batillaria, Potamides. 40 cuvettes, 80 tubes premier ordre. T. 423

133 Id. Strombus, Rimella, Gladius. — (5 Gladius Baylei, 5 Gladius macroptera). 12 cuvettes, 46 tubes, premier ordre. T. 424

134 Id. Terebellum, Cypraea, Ovula, Diameza (Cypraea Sophiae). 4 cuvettes, 120 tubes, premier ord. T. 425

Lots nos

135 Id. Pyrula, Morio, Cassis (6 Chevalieri). 25 cuvettes, 55 tubes, premier ordre. T. 426

136 Id. Bivalves, Solens, Cultellus, Panopea, Psammobia, Perna, Sphoenia, Gastrochoena, Spondylus, etc., 70 tubes et cuvettes, très bon tiroir. T. 373

137 Id. Fimbria : 15 cuvettes, 3 tubes, 5 valves de Fimbria, Pectunculus. — Sportella, Mysia, Dyplodonta, Scintilla, 55 tubes environ, nombreux exemplaires, premier ordre. T. 349

138 Id. Petites Lucines, 65 tubes, nombreux exempl. premier ordre. Puis : 85 tubes et cuvettes de fossiles divers hors série du Lutétien. T. 350

139 Id. Lucina et Erycina. — 200 tubes et cuvettes, nombreux exemplaires, premier ordre. T. 351

140 Id. Corbules Diverses, Sphoenia, Clavagella, Corbulomya, Fistulana, etc. — 130 tubes et cuvettes, premier ordre. T. 383

141 Id. Tellina, Mactra, Corbula et Pandora, premier ordre, 170 tubes et cuvettes. T. 384

142 Id. Tellina, Soletellina, Arcopagia, Psammobia, Donax, Venus, 200 tubes, très nombreux exemplaires, premier ordre. T. 345

143 Id. Cythera diverses, 150 tubes et cuvettes, très nombreux exemplaires, premier ordre. T. 346

144 Id. Cardium, Cyrena et genres voisins. — 110 tubes et cuvettes, nombreux ex. premier ordre. T. 347

145 Id. Cardium. — (5 v. Cardium Hyppopeum). 45 tu- et cuvettes. — CHAMA : 10 tubes et cuvettes, premier ordre. T. 348

146 Id. Crassatella : 85 tubes et cuv., premier ordre, nombreux exemplaires. T. 352

147 Id. Cardita : 150 tubes et cuv., premier ordre, nombreux exemplaires. T. 353

148 Id. Arca, Pectunculus, Goosensia, Nucula. 170 tubes et cuvettes, nombreux exemplaires, premier ordre. T. 354

149 Id. Arca (suite). Modiola Mytilus, etc. — 191 tubes et cuvettes, premier ordre. T. 355

Lots n°s

150 Id. Terebratula, Cistela, Argyope, Nautiles, Aturia, Belosepia, Beloptera, Rhyncholithes, (6 tub.), 148 tubes. 14 cuvettes, exemplaires innombrables, tout premier ordre. T. 292

151 Id. Echinides de Bassin de Paris. Lutetien, Bartonien : 30 cuv., 40 tubes, tiroir de tout premier ordre. T. 295

BARTONIEN

151 BARTONIEN. — Solarium, Valvata, Littorina, Risella, Lacuna, Homalaxys, Bythinia, Rissoina, 135 tubes, premier ordre. T. 369

152 Id. Delphinula, Fissurella, Liotia, Patella et Dentalum, 100 tubes, 10 cuvettes, tout prem. ord. T. 324

153 Id. Turbonilla, Odontostomia, Neritina, Nerita, Collonia, Phasianella, très nombreux exempl., 140 tubes, 3 cuvettes, premier ordre. T. 325

154 Id. Natica, Adeorbis, Scalaria, Acirsa, Acrillia, etc., 48 tubes, 5 cuvettes, premier ordre, très nombreux exemplaires. T. 326

155 Id. Natica, Ampullaria, 31 tubes, 25 cuvettes, très nombreux exemplaires, prem. ord. T. 327

156 Id. Calyptrea, Xenophora, 24 cuvettes, 20 tubes, très nombreux exemplaires, prem. ord. T. 328

157 Id. Turritella, Cyclostoma, Colina, 28 tubes, 10 cuvettes, premier ordre. Puis, se trouvant avec (hors série), divers fossiles du Lutetien et du Bartonien (Col. Bernay), 75 tubes, 15 cuvettes. T. 329

158 Id. Cerithium divers, 95 tubes, 11 cuvettes, très nombreux exemplaires, dont 1 très beau Cerithium Auversiense, premier ordre. T. 330

159 Id. Cerithium divers (suite), 50 tubes, 5 cuvettes, premier ordre. T. 331

160 Id. Derithium divers (suite), 35 tubes, 15 cuvettes, premier ordre. T. 332

Lots n°°

161 Id. Cerithium divers, 60 tubes et 5 cuvettes. Puis, genres Tritonoidea et Sipho, 29 tubes, 3 cuvettes, premier ordre. T. 333

162 Id. Rostellaria, 12 tubes, 2 cuvettes, terebellum, 10 tubes, Cardium, 4 cuvettes. T. 334

163 Id. Série de Vertèbres. Dents, Vertèbres du LUTETIEN et du BARTONIEN. 92 tubes revues par le savant spécialiste : M. Priem. T. 334 bis

164 Id. Cypraea, 30 tubes, 5 cuvettes ; Lampusia, 11 tubes, tout premier ordre. T. 335

165 Série de Vertébrés du Bassin de Paris. LUTETIEN et BARTONIEN, CRETACE. Dents, Vertèbres, etc. 115 tubes, revus par M. Priem. T. 335 bis
Les tiroirs 334 bis et 335 bis, seront réunis et vendus ensemble avec le tiroir 339 bis.

166 Id. Buccinanops, 2 tubes, 1 cuvette ; Cominella, Jania, Pisania, Ricinula, Janiopsis, 40 tubes, 3 cuvettes ; Murex, 30 tubse, 5 cuvettes ; Cassidaria, 5 cuvettes, 6 tubes. Très nombreux exemplaires, tout premier ordre. T. 336

167 Id. Fusus du Groupe bulbiforme, 30 cuvettes, 12 tubes, premier ordre, nomb exemp. T. 337

168 Id. Strepsidura, melongena, 23 cuvettes, 15 tubes, premier ordre, nombreux exemplaires. T. 338

169 Id. Fusus, 20 cuvettes, 15 tubes. Puis, 50 tubes de dents de Squales diverses, revues par M. Priem Ce lot sera réuni et vendu avec 334 bis et 335 bis. T. 339 bis

170 Id. Voluta, 30 tubes, 14 cuvettes, tout premier ordre, nombreux exemplaires. T. 340

171 Id. Suite des Volutes, 28 cuvettes, 19 tubes, tout premier ordre. T. 341

172 Id. Suite des Volutes, 10 tubes, 10 cuvettes, Harpa, 2 cuvettes, 20 exemplaires. T. 342

173 Plus hors série : 150 tubes divers du Lutetien et du Bartonien, très nombreux exemplaires. Coll. Bernay. T. 342 bis

174 Id. Conus, Axia, Ancillaria, Cancillaria, Mitra et Olivella (130 tubes et 8 cuvettes, pr. ord. T. 380

Lots nos

175 Pleurotoma, 170 tubes, 6 cuvettes, pr. ord. T. 381

176 Id. Lymnea, Acera, Auricula, Ringicula, Acteon, Scaphander, Cylichna, Volvaria, Terebra, 150 tubes et cuvettes, très bon, premier ordre. T. 382

177 Id. Corbula, Pholas, Martesia Gastrochoena, Clavagella, Rocellaria, 170 tubes et cuvettes, très nombreux exempl. premier ordre. T. 356

178 Id. Corbula (suite), Cardilia, Syndosmya, Arcopagia, Tellina, 150 tubes, premier ordre. T. 357

179 LUTETIEN et BARTONIEN. — Pholadomya, Solen, Teredina, Cypricardia, Coralliophaga. Fistulana, Clavagella et divers, 35 tubes, 20 cuvettes, nombreux ex. pr. ordre. T. 303

180 BARTONIEN. — Donax, psammodonax, Venus, Meretrix, Sunetta, Cyrena et genres voisins, 150 tubes, nomb. ex., prem. ordre. T. 358

181 BARTONIEN. — Chama, Cardium, Lithocardium, Anisocardia, Coralliophaga, 130 tubes, très nombreux exempl. prem. ordre. T. 359

182 Id. Lucina, Diplodonta, Corbis, Sportella, 115 tubes et cuvettes, nombreux ex. prem. ordre. T. 360

183 Id. Crassatella, Cardita, Pectunculus, Kellia, 150 tubes et cuvettes, nombreux ex. prem. ordre. T. 361

184 Id. Arca Perna, etc., 150 tubes et cuvettes, prem. ordre. T. 362

185 Id. Ostrea, Spondylus, Pecten, Radula, Picatula.(363)

Nota. — Ce qui suit faisait partie de la collection Bernay. M. Bourdot n'a pas eu le temps de le classer et de le réunir au reste.

---

186 Bartonien d'Auvers et de Valmondois. Environ 60 cuvettes de Bivalves en parfait état de conservation, très nomb. ex. (Coll. Bernay). T. 282

187 BARTONIEN d'HERMONVILLE. — 235 tubes, nombreux exemplaires. (Coll. Bernay). T. 283

188 BARTONIEN de diverses localités. — Environ 120

Lots nos

tubes et 100 cuvettes, très nombreux exemplaires. (Coll. Bernay). T. 284

189 BARTONIEN de BERVILLE (Croix Mathieu). — 100 cuvettes ,50 tubes, premier choix, très nombreux exemplaires (Coll. Bernay). T. 285

190 BARTONIEN du RUEL et de BERVILLE. — 100 cuvettes, 20 tubes, premier choix, très nombreux exemplaires. (Coll. Bernay). T. 286

191 BARTONIEN du RUEL. — 100 cuvettes, premier choix. Puis, se trouvent dans le même tiroir : Oligocène, Stampien de Jeures et Ormoy, 70 cuv., très nomb. ex. (Coll. Bernay). T. 287

192 BARTONIEN de localités diverses. — 50 cuvettes, très nombreux exempl. (Coll. Bernay). T. 288

193 1o : 1 Boîte Bivalves en vrac du BARTONIEN de BERVILLE. — 2o 200 tubes de coquilles diverses, surtout Mitra. Le tout en parfait état. T. 289

194 MELANGE divers de très bonnes coquilles du Bassin de Paris, 40 cuvettes (coll. Bernay). T. 296

195 BARTONIEN. — Lot de petites coquilles diverses d'Auvers, Le Fayel, Moiselles. Pleurotomes et Cerithes. 100 tubes et cuvettes (Coll. Bernay). T. 297

196 LUTETIEN et BARTONIEN. — Fossiles divers, 100 tubes et cuvettes. (Coll. Bernay). T. 298

197 BARTONIEN. — 50 cuvettes (Coll. Bernay). T. 299

198 BARTONIEN. — 100 cuvettes. (Col. Bernay). T. 300

199 LUTETIEN et BARTONIEN. — Siliquaria et Hypponyx. 40 cuv. (Coll. Bernay). T. 301

200 BARTONIEN. Bivalves, 100 cuvettes, (Coll. Bernay). T. 302

201 YPRESIEN et SPARNACIEN. — Environ 200 cuvettes. (Coll. Bernay). T. 304

202 LUTETIEN et BARTONIEN. — Environ 100 cuvettes, prem. ord. (Coll. Bernay). T. 305

203 YPRESIEN, LUTETIEN et BARTONIEN. — 200 tubes et cuvettes (Coll. Bernay). T. 306

Lots nos

204 YPRESIEN de Cuise Lamotte, 100 tubes. (Collection Bernay). T. 307

205 LUTETIEN et BARTONIEN. — Vulsella, Spondylus, Anomya de Chaumont et d'Ully St-Georges, 25 cuvettes. Puis : grosses coquilles du Ruel. (Collection Bernay). T. 308

206 LUTETIEN et BARTONIEN. — Environ 150 cuvettes de Bivalves (Coll. Bernay). T. 309

207 LUTETIEN et BARTONIEN. — Fossiles divers. Environ 60 cuvettes. (Coll. Bernay). T. 310

208 LUTETIEN. — Gastropodes et Bivalves divers. Environ 200 tubes et cuvettes (Coll. Bernay). T. 311

209 LUTETIEN. — Bivalves et Gastropodes, Cytherea, Tellina, Voluta, etc., etc., de Parnes, Grignon, Chaumont, Vaudancourt, 70 cuvettes, très nombreux ex. (Coll. Bernay). T. 312

210 LUTETIEN. — Mitra, Cerithium, Lucina Gigantea, (5 doubles, 4 isolées) Rostellaria, Columbaria, 20 exempl. Cassis et Morio, 50 exempl. Plus 50 tubes et 20 cuvettes de divers. (Collection Bernay). — Premier ordre. T. 313

211 LUTETIEN et BARTONIEN. — Voluta Fusus, etc. (Coll. Bernay). 100 tubes et cuvettes, très nombreux exemplaires.

212 BARTONIEN (Coll. Bernay). 60 cuvettes de Natica, Fusus, Voluta, etc. Très nombreux exemplaires, très beaux. T. 315

213 LUTETIEN et BARTONIEN. — Conus, Natica, Fusus, etc. Parfait état. 75 tubes et cuvettes, très nombreux exemplaires. (Coll. Bernay). T. 316

214 BARTONIEN. — 87 tubes, 65 cuvettes, nombreux exempl. (Coll. Bernay). T. 317

215 LUTETIEN et BARTONIEN. — Cardita. Très nombreux exempl., 80 cuvettes. (Coll. Bernay), premier ordre. T. 318

216 CARDIUM du LUTETIEN et POLYPIERS du BARTONIEN. — 35 tubes, 70 cuvettes, très nombreux exemplaires (Coll. Bernay). T. 319

217 LUTETIEN. — Corbis, Fimbria, Lucina et divers.

Lots nos

(Coll. Bernay), 65 cuvettes, très nombreux exemplaires. T. 320

218 LUTETIEN. — Pleurotomes, Fusus et divers, (Coll. Bernay), 175 tubes et cuvettes, nombreux exemplaires. T. 321

219 LUTETIEN. — Telline, Fusus, Corbula et Voluta (Coll. Bernay). 40 tubes et cuv., nomb. ex. T. 322
Fossiles divers du LUTETIEN et du BARTONIEN. Fissurella, Planorbis, Monodonta, Odontostomia, 200 tubes env. (Coll. Bernay). T. 377

220 Premier ordre (suite) : Fossiles divers du LUTETIEN et du BARTONIEN. — Cancellaria, Scalaria, Cyproea et divers, 100 tubes et cuvettes diverses. (Coll. Bernay). T. 378

221 SABLES MOYENS du GUEPELLE (BARTONIEN) Conus. Marginella, 61 tubes, premier ordre. (Coll. Bernay). T. 379

222 BARTONIEN et LUTETIEN. — 1 très bon tiroir contenant : Algues Calcaires, Crustacés, Vertèbres et Foramifères, Céphalopodes du BARTONIEN et diverses coquilles du LUTETIEN, très nombreux exemplaires. T. 290

223 LUTETIEN et BARTONIEN. — Nummulites, Coralliodendron, Foramifères divers, Bryozoaires, 210 tubes, premier ordre, très nomb. ex. T. 291

224 YPRESIEN d'HEROUVAL et de LIANCOURT. — Environ 200 cuvettes, nomb. ex. (Col. Bernay). T. 323

225 BARTONIEN. — 100 tubes et cuvettes. (Coll. Bernay). T. 343

226 LUTETIEN. — 200 tubes et cuvettes de Fossiles divers (Col. Bernay). T. 364

227 LUTETIEN et BARTONIEN. — Fossiles divers, 150 tubes et cuvettes de Fossiles divers. (Col. Bernay). T. 365

228 LUTETIEN et BARTONIEN. — Environ 100 tubes et cuv., de Fossiles div. (Col. Bernay). T. 366

229 LUCINA du LUTETIEN. — 26 tubes et cuvettes, prem. ord. Puis : Polypiers et Coquilles du Ruel Bartonien. (Col. Bernay). T. 367

Lots n°s

230 LUTETIEN et BARTONIEN. — Fossiles divers. Puis se trouvant avec : PLAISANCIEN de Biot, environ 150 tubes et cuv. T. 368

231 BARTONIEN. — 80 tubes et cuvettes diverses. Turritella, Faunus, Bayania, prem. ordre. T. 370

232 BARTONIEN. — 50 tubes, Mesalia, Siliquaires, Vermetus, prem. ord. Nomb. ex. T. 371

233 POLYPIERS du LUTETIEN du BOIS GOUET. — 55 tubes, prem. ord. hors série. T. 371 bis

234 LUTETIEN et BARTONIEN. — Triforis, Bulla, Clavagella, Lithodomes et Polypiers, 145 tubes et cuvettes diverses, premier ordre. Nombreux exemplaires. T. 372

235 Chama du Bassin de Paris en général (dont une dizaine de Chama Gigantea) 40 cuvettes, 15 tubes, prem. ord., très bon portoir. P. 71

236 25 tubes de Cypreas du CALCAIRE GROSSIER et des SABLES MOYENS. Plus : coquilles diverses du Calcaire grossier. (Col. Bernay). T. 374

237 Environ 150 cuvettes de Fossiles de CALCAIRE GROSSIER et des SABLES MOYENS. (Collection Bernay). T. 375

238 200 tubes de très bons fossiles du LUTETIEN (Col. Bernay). Serpulorbis, Cardium, Cytherea, etc. Très nombreux exemplaires. T. 376

239 LUTETIEN et BARTONIEN. — Lithocardium, Verticordia, 13 cuvettes, 22 tubes et environ 75 tubes de fossiles divers du Bassin de Paris, premier ordre. (Col. Bernay). T. 294

240 Grosses Huitres (O. Santonensis, Rarilamella).
Grands Pectens du Bordelais. T. 95
Roches diverses. T. 86

241 Fossiles en double et en nombre (par Centaine de chaque) Rostellaria fissurella, Ancillaria, Natica parisiensis, Sphoerica, Turritella fasciata, Lucina, Voluta diverses. T. 89, 90.
Fossiles en double et en nombre, espèces diverses T. 91

242 DOUBLES DIVERS. T. 152
MELANGES DIVERS . T. 155
DOUBLES DIVERS TERTIAIRES. — Nombreuses coquilles de Cuise Lamotte, de Chenay, etc. T. 165

Lots nos

243 BARTONIEN de ROZIERES, du GUEPELLE et MONTAGNY, MORTEFONTAINE, etc. — 64 Tubes, très nombreux exemplaires. T. 149
BARTONIEN du GUEPELLE, 40 Tubes. — BARTONIEN de BEAUGRENIER, 50 Tubes. T. 150
BARTONIEN du GUEPELLE, 60 Tubes, très bonne série. T, 151
SABLES de BEAUCHAMPS, 16 Tubes, 4 Cuvettes.— LE VOUAST, 25 Tubes. — VERNEUIL, 1 Tube d'Ostea Raincourti). T. 168

244 FOSSILES BARTONIENS divers. — 60 Cuvettes et Tubes divers. T. 385

245 FOSSILES divers du BARTONIEN et du LUTETIEN, environ 100 Tubes et Cuvettes, très nombreux exemplaires. T. 405

246 Pecten, Lima, Avicula, Pinna, Vulsella du LUTETIEN et du BARTONIEN. — 8 Cuvettes, 130 Tubes, Premier Ordre. T. 406

247 Ostrea, Spondylus et Plicatula. Du LUTETIEN et du BARTONIEN, 55 Tubes, 20 Cuvettes, très nombreux exemplaires. T. 407

248 BARTONIEN de BERVILLE. — (Croix Mathieu), Environ 100 Cuvettes, très nombreux exemplaires, très bon tiroir. T. 427

249 Divers Fossiles. LUTETIEN et BARTONIEN. 10 Cuvettes, 60 Tubes, Bon Tiroir. T. 428

250 BARTONIEN supérieur. LUDIEN. — ROMAINVILLE, 5 Tubes ; GARE ST-LAZARE, 5 Tubes ; Bd. MALESHERBES, 3 Tubes ; ARGENTEUIL, 7 Tubes ; ILE de WIGT, 1 Tube ; Mont VALERIEN, 2 Ech. ; MONTMARTRE, 3 Tubes ; PANTIN, 8 Tubes ; FRESNES les RUNGIS, 2 Tubes ; ARC DE TRIOMPHE, 2 Tubes ; LAVILETTE, 2 Tubes ; RUE de ROME, 4 Tubes ; LUDES, 6 Tubes et 3 Ech. ; ST-AUGUSTIN, 7 Tubes, 10 Cuvettes et 2 Ech. Exemplaires très nombreux. T. 161

Série OLIGOCENE

251 INSECTES dans L'AMBRE jaune, OLIGOCENE du SAMMLAND, MEMEL, DANTZIG, KONIGSBERG,

Lots nos

Etc. : Débris de végétaux, Fourmies, Elaterides, Nevroptères, Hymenoptères, Microlepidoptères, Coleoptères, Diptères, Arachnides, Hemiptères : 550 pièces. Ces ambres, deviennent fort rares, et ont acquis une grande plus value ces temps derniers. Ils seront détaillé sur demande par 10, 20 ou 30 pièces à la fois. T. 104

252 STAMPIEN de PIERREFITTE (Seine et Marne). — 200 Tubes, très nombreux exemplaires. T. 173, 174
OLIGOCENE divers. Sables de Fontainebleau et autres, sans ordre. T. 177

253 STAMPIEN de JEURES, MORIGNY et BRUNEHAUT. — 190 Tubes et 6 Cuvettes ; formant environ 175 espèces, très nombreux exemplaires. T. 170, 171, 172.

254 TONGRIEN du MAS ST-PUELLE. — 8 Tubes, 16 échantillons dont 2 « Dactylius ». T. 169, 2e Partie.
MOLASSE de L'ORLEANAIS, Calcaire à Hélix. 20 tubes, 5 Cuvettes et divers. T. 175

255 AQUITANIEN de VESVROTTES (Côte d'Or). — 13 Tubes, 29 Exemplaires.
MOLASSE de L'AGENAIS. — 5 Tubes, 7 espèces, 16 exemplaires.
OLIGOCENE du M. ST-MARTIN (Etampes). — 25 Tubes, 100 exemplaires. Série de tout premier ordre et superbe. — Calcaires Helix de HOCHEIM, 29 Tubes, 80 exemplaires. Très bonne série. — SAHARIEN des PYRAMIDES (hors série), 25 espèces, 150 exemplaires. T. 101

256 MIOCENE de TUCHORICE. — 120 Tubes, 120 espèces. 1.000 exemplaires environ. Série de tout premier choix, bien déterminée. T. 103

257 MIOCENE de SANSAN. — 6 Tubes, Helix, Planorbes. T. 181
CALCAIRE de BLAYE et BURDIGALIEN de la GIRONDE (quelques Oursins). T. 176
BURDIGALIEN de SAUCATS. — 50 Tubes, 8 Cuvettes, 200 exemplaires. T. 188
BURDIGALIEN de la GIRONDE. — 7 Fossiles divers. T. 184
BASSIN de VIENNE. — 63 Tubes divers, 4 Cuvettes, 130 exemplaires. T. 185

258 (Portoir 4 et 5). AQUITANIEN de CARRY et de la VALDUC (B. du Rhône). 60 Cuvettes, 100 exemplaires environ. (S. E.)

Lots n°s

259 (Portoir 1 et 2). BURDIGALIEN du PLANTAT (Gironde). — 69 cartons, 10 Cuvettes, 350 exemplaires. (S. E)
(Portoir 3). BURDIGALIEN de LE MORILLON. 20 cartons, 175 exemplaires. (S. E.)

260 BURDIGALIEN du PELOUA. — 13 Portoirs tout premier choix. (Portoir 1), 26 cartons, 116 exemplaires environ. Murex Lamarekü. — (Portoir 2), 43 cartons, 190 exemplaires. — (Portoir 3), 12 cartons, 80 exemplaires, cassis subalegans. Harpa Brochoni.

261 (Portoir 4), 27 cartons, 169 exemplaires env. (5 Rapana Moulinsi). — (Portoir 5), 60 cartons, 148 ex. environ. — (Portoir 6), 31 c., 150 ex. env.

262 (Portoir 7), 50 cart., 195 exemplaires environ. — (Portoir 8), 20 c., 85 ex. — (Portoir 9, 20 c., 100 ex.

263 (Portoir 10), 7 cartons, 24 exemplaires environ. — (Portoir 11), 9 c., 20 ex. env. — (Portoir 12), 6 c., 10 ex. env. — (Portoir 13), 50 c., divers Polypères et autres. — Plus : nombreux Tubes et doubles hors séries. (En tout 440 cartons et 1425 exemplaires premier choix). Ces 4 Lots pourront être réunis sur surenchère, le meuble appartenant alors à l'adjudicataire. (S. C.)

264 BURDIGALIEN de LAGUS, premier choix, (non déterminé). — (Portoir 1), 39 cartons, 165 exempl. env. — (Portoir 3), 32 c., 170 ex. env. — (Portoir 4), 32 c., 130 ex. env. — (Portoir 6), 30 c., 65 ex. env., — (Portoir 11), 30 c., 130 ex. env. Ensemble 170 cartons, 660 ex. environ. (S. G).

265 BURDIGALIEN de LEOGNAN et de MERIGNAC. — (Portoir 2), 24 cartons, 125 exempl. — (Portoir 5), 28 c., 115 ex. — (Portoir 7), 45 c., 170 ex. — (Portoir 8), 44 c., 190 ex. — (Portoir 9), 34 c., 100 ex. — (Portoir 10), 62 c., 170 ex. — (Portoir 12), 10 c., 40 ex. Sur demande ces deux lots pourront être réunis et vendus sur surenchère, le meuble restant à l'adjudicataire final. (S. G.)

266 FALUNS HELVETIENS de SALLES et de LARGILEYRE (Gironde). — (Portoir 1 à 6), 180 Tubes, 56 cartons, 20 cuvettes, très nombreux exemplaires. — Plus la SIME (Helvetien) (Portoir 7), 6 cuvettes en vrac. (S. F.)

Lots nos

267 FALUNS HELVETIENS de CABRIERES (Hérault). — (Portoir 8), 40 espèces en Tubes et cuvettes, 125 ex. envir. — (Portoir 9), TORTONIEN de ROMETTA, San PIERRO, etc., 72 Tubes, 200 exemplaires. Portoir 10, MESSINIEN de BOLLENE et ST-RESTITUT. — 12 Tubes, 40 exemplaires. (S. F.) Sur demandes, ces deux lots pourront être réunis et vendus sur surenchère. Le meuble sera alors la propriété de l'acquéreur final.

268 HELVETIEN de la TOURAINE. — Localités : Bossée Paulmy, Pont le Voy, Manthelan, etc. (1o Portoir), 28 Tubes, 25 cuvettes, 160 ex. environ. — (2o Portoir), 90 Tubes, 250 ex. env. (S. D).

269 (Suite). (3o Portoir), 135 Tubes, 500 exempl. env. — (4o Portoir), 32 Tubes, 20 Cuvettes, 150 exemplaires environ. (S. D.)

270 (Suite). (5o Portoir), 48 Tubes, 175 ex. env. — (6o Portoir), 50 Tubes, 20 cuvettes, 200 ex. env. — (7o Portoir), 5 cuvettes, 10 ex. env. — (8o Portoir) hors série, comprenant un grand nombre de Tubes et cuvettes du Bordelais et de l'Indre et Loire. (S. D.) *Avis.* — Ces trois lots (S. D.) comprenant 8 portoirs, pourront être réunis et vendus sur surenchère. Le meuble sera alors la propriété de l'adjudicataire final.

271 FALUNS HELVETIENS de PONTPOURQUEY. — (Portoir 1), 17 cartons, 110 exemplaires. — (Portoir 2), 9 c., 75 ex. — (Portoir 3), 23 c., 115 ex. — (Portoir 4), 65 c., 250 ex. — (Portoir 5), 50 c., 225 ex. — (Portoir 6), 20 ., 170 ex. (S. H.)

272 FALUNS TORTONIEN de l'ANJOU (1er choix). — Doué la Fontaine, Noyant, Noellet, Chazé Henry, etc. — (Portoir 7), 14 cartons, 32 ex., (Doué la Fontaine). — (Portoir 8), 15 cartons, 30 ex. Id. — (Portoir 9 et 10), 40 cartons, 110 ex. (Noyant). — (Portoir 11), 35 cartons et coquilles, 65 ex. (St-Grégoire) et 18 Tubes de dents (Chaze Henry). (S. H.)

273 (Portoir 13). FALUNS de MIREBEAU (Vienne). — 100 Tubes. Très nombreux exemplaires. (S. H.) Ces trois lots additionnés pourront être réuniis sur surenchère et le meuble restera la propriété de l'adjudicataire final.

Lots n^os^

274 SARMATIEN, PONTIEN, PANNONIEN. — Couches à Unio, Couches à Paludines, Couches à Congeries, de Croatie Slavonie, Banat et Dalmatie. — 112 Tubes, 1 cuvette, très belle série bien déterminée. Exemplaires de conservation parfaite et nombreux. T. 225, 226

275 MESSINIEN D'EDEGHEM — SABLES NOIRS d'Anvers. —. 173 Tubes, 11 cuvettes, 175 espèces, 500 ex. Série de Choix exceptionnel. T. 217, 218, 219

276 MESSINIEN D'EDEGHEM, (seconde série). — 38 cuvettes, 12 Tubes, 50 espèces, 500 exemplaires. Cette série double la précédente, et est aussi de premier choix. T. 220, 221

277 Série PLIOCENE. PLIOCENE d'ANVERS. — DIESTIEN. Astien inf. Sables à Isoardia Cor et à Terebratula Grandis. — 92 Tubes, 10 cuvettes, 100 espèces, 300 ex. Série de tout premier choix. T. 215, 216

278 POERDERLIEN des Bassins. « Africa et America » d'ANVERS. 96 Tubes et 10 cuvettes, 100 espèces, 300 ex. de tout premier choix. Série superbe, introuvable maintenant. T. 208, 209, 210

279 et 280 SCALDISIEN d'ANVERS. — Sables à Trophon). — 108 Tubes, 8 cuv., 100 espèces, 300 ex. Série de tout premier choix. T. 211, 212, 213, 214

281 PLIOCENE DIVERS. PLAISANCIEN de THEZIERS, VACQUIERES, etc., 134 tubes (60 déterminés) et 9 cuvettes. Très belle conservation, très nombreux exemplaires. T. 222. 223. 224

282 ASTIEN inférieur. ARGILES BLEUES de BIOT. — 80 Tubes, 300 exemplaires dont 8 grosses coquilles isolées. T. 7

283 PLIOCENE de CASTEL ARQUATO, 1er choix. Environ 200 espèces collées sur carton. Nombreux exemplaires. T. 293

284 ASTIEN d'ASTI, PIEMONT. — 22 coquilles et 16 tubes, en tout 45 coquilles. Grands fossiles de 1er ordre. T. 8.

285 ASTIEN d'ASTI (PIEMONT). 27 coquilles Bivalves 1er ordre. T. 9.

286 SABLES Jaunes. PLIOCENE ASTIEN de CANNES et PLIOCENE de BIOT. — 50 Tubes, 200

Lots nos

exemplaires. — PLIOCENE de BOLOGNE, 21 Tubes et Cuvettes, 30 exemplaires. T. 11

287 PLIOCENE ASTIEN (SICILIEN), MESSINE, SIENNE, etc., etc. — 225 Tubes, 700 exemplaires, très belle série, bien déterminée, T. 93, 94, 95, 96

288 PLIOCENE (SICILIEN) de MESSINE. — 290 tubes, 600 exemplaires env., bonne série, bien déterminée. T. 105, 106, 107

289 CRAC rouge de SUFFOLK. — 42 tubes, 4 cuvettes, 40 espèces, 55 exemplaires.

290 PLIOCENE divers de localités diverses, Barcelone, Asti, Cannes, Messine, 150 tubes, 500 exemplaires. T. 190

EPOQUE QUATERNAIRE

291 LOESS d'ARCUEIL (Seine), 13 tubes. — DRIFT GLACIAIRE de MONTREAL, 6 tubes. — LOESS de ST-ACHEUL (Somme), 12 tubes, nombreux exemplaires. T. 1

292 PLEISTOCENE (DILUVIUM) du BAS MEUDON, JOINVILLE le PONT. — 100 tubes, 500 exemplaires T. 189

293 ARGILES LACUSTRES PLEISTOCENE du chemin de Gerland, près LYON. — 85 tubes, 1er choix, bien déterminés, exemplaires innombrables T. 102

294 TUFS QUATERNAIRES de la CELLE sous MORET. — 32 tubes, 5 cuvettes, 25 espèces, 125 exemplaires. Coquilles, plantes, ossements, flore et faune, classique.

295 PLEISTOCENE de FICARAZZI et de PALERME (Sicile). — 28 tubes et 3 cuvettes de coquilles T. 2
18 tubes de Grosses Coquilles ; Isocardia, Mytilus et 2 Panopea Faujasi T. 3

296 Id. 38 tubes. T. 4
136 tubes environ, 2000 exemplaires T. 5

297 Id. 114 tubes, nombreux exemplaires, plus 40 tubes divers indéterminés. T. 6

Lots nos

Ces deux lots pourront être réunis sur demandes et revendus sur surenchère.

298 PLAGES SOULEVEES (PLEISTOCENE), du golfe de Gabès (Sfax), Tunisie. — 225 tubes, 40 cuvettes et fossiles isolés, exemplaires innombrables et très bien conservés. T. 97, 98, 99

299 PLAGES SOULEVEES (PLEISTOCENE) de SUEZ. — 25 tubes, 10 cuvettes, 100 échantillons, tout premier choix. T. 100

QUATERNAIRE PRÉHISTORIQUE

300 Environ 200 Silex de l'Oise de toutes les époques, avec localités pour la plupart. T. 196

301 Plante de Sezanne, 9 exemplaires, et de Jouy, 6 exemplaires. P. 91

ANNEXES

302 LUTETIEN, BARTONIEN, Villiers, Neauphle, Chambors, le Ruel. — 17 cuvettes, 75 tubes, nombreux exemplaires P. 1

303 Fossiles Divers. — Minéraux, Préhistorique P. 2

304 LUTETIEN DIVERS. — 100 tubes, 10 cuvettes, très nombreux exemplaires. P. 4

305 LUTETIEN de VAUDANCOURT. — En Vrac. P. 5

306 LUTETIEN DIVERS. — 45 tubes. P. 6

307 LUTETIEN de L'AUNAIE supérieur. — 110 tubes. P. 7

308 CRIBLURES du LUTETIEN de ULLY ST-GEORGES. P. 8 et P. 19

309 BARTONIEN de la CROIX MATHIEU (CRESNES). — 130 tubes. P. 9
tubes, très nombreux exemplaires. P. 10

310 LUTETIEN, BARTONIEN. Divers, environ 100 tubes, très nombreux exemplaires. P. 10

Lots nos

311 LUTETIEN de TRIE CHATEAU (S. et O.). — 100 tubes et coquilles en vrac. P. 11

312 BASSIN de PARIS. Tertiaire en général. Environ 150 tubes et coquilles en vrac. P. 12

313 LUTETIEN du BASSIN de PARIS, L'AUNAIE, PARNES, VILLERS. — Environ 140 tubes. P. 13

314 LUTETIEN BARTONIEN. — Coquilles diverses, environ 100 tubes. P. 14

315 LUTETIEN, FOSSILES en Vrac. P. 15

316 BARTONIEN. FOSSILES DIVERS. P. 16

317 LUTETIEN. COQUILLES DIVERSES. P. 21, 22, 23, 24

318 LUTETIEN de PRECY sur OISE. — 40 cuvettes, très nombreu xexemplaires. P. 25

319 LUTETIEN de NEAUPHLETTE (S. et O.). — Environ 100 tubes, 5 cuvettes. P. 26

320 LUTETIEN et BARTONIEN DIVERS. — 175 tubes, nombreux exemplaires. P. 29

321 LUTETIEN de la Ferme de L'ORME. — 12 cuvettes sans tubes. P. 31

322 COQUILLES DIVERSES du BASSIN de PARIS. P. 333

323 DIVERS, BASSIN de PARIS. — 140 tubes (très bon) P. 34

324 DIVERS, BASSIN de PARIS. — Environ 200 tubes, (très bon). P. 35

325 Id. Environ 200 tubes (très bon). P. 36

326 Id. Environ 200 tubes (très bon). P. 37

327 Id. Environ 200 tubes (très bon). P. 38

328 DOUBLE DIVERS. P. 39

329 COQUILLES VIVANTES DIVERSES. P. 40

330 LUTETIEN, Fossiles divers.. — Environ 100 tubes. P. 41

331 Fossiles divers. P. 42, 43, 44, 45, 46

Lots n^os

332 DENTS de SELACIENS de tous terrains tertiaires. P. 47

333 LUTETIEN, Fossiles divers. P. 48

334 LUTETIEN, Fossiles divers. — Environ 100 tubes. P. 49

335 LUTETIEN, Fossiles divers. P. 51

336 Fossiles divers. P. 53

337 FOSSILES DIVERS du BASSIN de PARIS P. 54

338 BARTONIEN d'ANVERS en vrac. P. 56

339 FOSSILES DIVERS du BASSIN de PARIS. P. 58

340 FOSSILES DIVERS du BASSIN de PARIS. — 150 tubes environ. P. 59

341 FOSSILES DIVERS du BASSIN de PARIS. — 100 tubes et 8 cuvettes. P. 60

342 FOSSILES DIVERS du BASSIN de PARIS. — 50 tubes et 50 cuvettes, très bonnes coquilles. P. 61

343 FOSSILES DIVERS du BASSIN de PARIS. — 100 tubes, très bonnes coquilles. P. 62

344 LUTETIEN de VILLIERS-NEAUPHLE. — 150 tubes environ, très nombreux exemplaires. P. 63

345 BARTONIEN : CRESNES, CROIX MATHIEU et le RUEL. — 50 cuvettes, exemplaires innombrables. P. 65

346 FOSSILES TERTIAIRES DIVERS. P. 66

347 BARTONIEN d'HERMONVILLE. — 45 cuvettes, nombreux exemplaires indéterminés. BARTONIEN divers. P. 67, 69

348 FOSSILES DIVERS du BASSIN de PARIS. P. 70

349 UNE BOITE, contenant : 1° (dessous) FALUNS de BORDEAUX ; 2° Un portoir de Coquilles d'ULLY ST-GEORGES ; 3° 4 portoirs contenant environ 500 tubes de coquilles du calcaire grossier, très bonnes coquilles), nombreux exemplaires. P. 72

350 UNE BOITE, contenant : 1° (dessous) FALUNS de BORDEAUX ; 2° Un portoir de coquilles d'ULLY ST-GEORGES ; 3° 4 portoirs contenant environ 500

Lots n°ˢ

tubes de coquilles du calcaire grossier (très bonnes coquilles), nombreux exemplaires. P. 72

351 UNE BOITE, contenant : 1° Beaux Polypiers du FAYEL ; 2° 35 cuvettes du FAYEL, et un portoir ; 3° 5 portoirs, renfermant environ 500 tubes du Lutetien, très nombreux exemplaires. P. 73

352 UNE BOITE, contenant : 1° (dessous), grosse coquille du bassin de Paris ; 2° un lot assez considérable du Bartonien et du Lutetien. Environ 500 tubes et cuvettes, très nombreux exemplaires, coquilles en parfait état. P. 75

353 LOT du LUTETIEN de la CROIX BLANCHE (près de GISORS), 120 tubes, nombreux exemplaires et un portoir de coquilles en vrac. P. 76

354 FOSSILES du LUTETIEN, très bon lot. P. 79

355 POLYPIERS du BARTONIEN du RUEL. Environ 200, très bons exemplaires. P. 80

356 HUITRES du BARTONIEN. 30 cuvettes, très nombreux exemplaires, bon portoir. P. 81

357 FOSSILES du LUTETIEN. — Environ 100 tubes et cuvettes. P. 82

358 FOSSILES BARTONIEN et LUTETIEN. Très bon portoir. P. 83

359 FOSSILES du LUTETIEN et DIVERS. Environ 200 tubes. P. 84

360 GROSSES coquilles du Bassin de PARIS et Divers. Très bon portoir. P. 85

361 FOSSILES du LUTETIEN et DIVERS. Environ 100 tubes. P. 86 et 87

362 FOSSILES DIVERS et en majorité « Pecten ». P. 88 et 89

363 HUITRES DIVERS du TERTIAIRE. P. 92 et 93

364 FOSSILES DIVERS du BASSIN DE PARIS. P. 94 et 95

365 COQUILLES DIVERSES en Vrac. P. 96

366 FOSSILES DIVERS du BASSIN de PARIS. En tubes. P. 97 et 98

Lots nos

367 FOSSILES DIVERS du BASSIN de PARIS. En cuvettes. P. 99

368 FOSSILES DIVERS du BASSIN de PARIS. En tubes. P. 100 et 101

369 FOSSILES DIVERS du BASSIN de PARIS. En vrac. P. 102 et 103

370 FOSSILES DIVERS du BASSIN de PARIS (LUTETIEN). 150 tubes et cuvettes environ. P. 104

371 FOSSILES BIVALVES du LUTETIEN, DIVERS du BASSIN DE PARIS. P. 105, 106, 107

372 FOSSILES de CHAMBORS (supérieur) en vrac. P. 108, 109

373 FOSSILES DIVERS du BASSIN de PARIS, 330 cuvettes environ. P. 110

374 FOSSILES DIVERS du BASSIN de PARIS. P. 111

375 FOSSILES DIVERS du BASSIN de PARIS et tubes vides. P. 112 à 116

376 Environ 200 tubes de PETITES COQUILLES du BASSIN de PARIS. P. 117

377 FOSSILES DIVERS du BASSIN de PARIS et autres. P. 118 à 124

378 FOSSILES DIVERS du BASSIN de PARIS en vrac. P. 125 à 128

379 FOSSILES DIVERS du BASSIN de PARIS, ROCHES et autres. P. 129

380 FOSSILES DIVERS en vrac. P. 130

381 HUITRES du BASSIN de PARIS. — 19 cuvettes, nombreux exemplaires. P. 131

382 FOSSILES DIVERS du BASSIN de PARIS. 25 cuvettes. P. 132

383 FOSSILES du BASSIN de PARIS. P. 133

384 FOSSILES DIVERS. 75 tubes. P. 134

385 FOSSILES DIVERS et du BORDELAIS. — 40 tubes et en vrac. P. 135

Lots nos

386 FOSSILES DIVERS du BASSIN de PARIS. — 20 tubes, 6 cuvettes. P. 136

387 Bons FOSSILES du BASSINS de PARIS. — 85 tubes et en vrac, (dela collection Bernay). P. 137

388 Bons FOSSILES du BASSIN de PARIS. — 50 tubes et 6 cuvettes, (de la Collection Bernay). P. 138

389 FOSSILES en vrac du BASSIN de PARIS. P. 139

390 FOSSILES divers du BASSIN de PARIS. — 50 tubes non déterminés. P. 140

391 FOSSILES YPRESSIEN de POMMIERS et de JAULZY en 55 tubes. P. 141

392 FOSSILES du LUTETIEN. — 25 cuvettes très nombreux exemplaires. P. 142

393 et 394 GROSSES HUITRES et CRASSATELLES du BASSIN de PARIS (de la COLL. BERNAY. P. 144

395 et 396 LUTETIEN et BARTONIEN en vrac. — Environ 20 cuvettes de FOSSILES. P. 145

397 CONES et PLEUROTOMES du BASSIN de PARIS. — 20 tubes, 15 cuvettes. P. 147

398 FOSSILES LUTETIEN de VAUDANCOURT de la collection Bernay. — 100 tubes et cuvettes. P. 148

399 PETITS CERITHES et TIFORIS de la COLL. BERNAY. — 100 tubes et 20 cuvettes. P. 149

400 BIVALVES LUTETIENS et BARTONIENS. — 40 cuvettes. P. 150

401 FOSSILES DIVERS MIOCENES et de divers Terrains. P. 151

402 FOSSILES LUTETIENS de ULLY ST-GEORGES de la COLL. BERNAY. — 40 tubes, 25 cuvettes. P. 152

403 FOSSILES DIVERS du BASSIN de PARIS. Puis : 15 tubes Helix et divers. (Pleistocène de Constantine. P. 153

404 PETITS FOSSILES BARTONIENS de BERVILLE (Oise). — 100 tubes env. (Coll. Bernay). P. 154

405 FOSSILES DIVERS du BASSIN de PARIS. — 40 tubes et 15 cuvettes. P. 155

Lots nos

406 FOSSILES divers du BASSIN de PARIS. P. 159

407 FOSSILES du BARTONIEN du RUEL en vrac. P. 160

408 FOSSILES LUTETIENS d'ULLY ST-GEORGES en vrac. P. 161

409 FOSSILES DIVERS du BASSIN de PARIS. P. 162

410 LUTETIEN de GOURBESVILLE (Manche). — 100 tubes (non déterminés) et coquilles en vrac. P. 64 La non détermination est sans doute une qualité du lot, qui doit renfermer des nouveautés.

411 FOSSILES du LUTETIEN de FRESVILLE. — En vrac. P. 20

412 FOSSILES du LUTETIEN de CLAIBORNE (ALABAMA) et coquilles diverses du BASSIN de PARIS. P. 30

413 FOSSILES du LUTETIEN de CLAIBORNE (ALABAMA). — 100 tubes. P. 32

414 1 PORTOIR de FOSSILES du BOIS GOUET (Lutetien) en vrac. très bonnes coquilles. P. 74

415 Environ 150 tubes et coquilles en vrac du LUTETIEN du BOIS GOUET. P. 77 et 78

416 BARTONIEN d'ALUM BAY (Angleterre). — 50 cartons non déterminés. P. 68

417 TONGRIEN de GAAS (Landes). — 100 tubes environ. P. 57

418 MIOCENE de STEINABRUNN. MIOCENE du BOLDERBERG. — 100 tubes, nombreux exemplaires. P. 16

419 MIOCENE de BADEN STEINHEIM et LAPUGY. — 60 tubes, nombreux exemplaires. P. 28

420 FOSSILES HELVETIENS de BOSSEE (Indre-et-Loire). P. 90

421 FOSSILES DIVERS du BURDIGALIEN de la GIRONDE. Environ 100 tubes et cuvettes. P. 50

422 CRAG NOIR (Pliocène) d'Anvers. — 40 cuvettes, très nombreux exemplaires. P. 27

423 COQUILLES SUBFOSSILES du GOLFE de GABES (Tunisie). En vrac. P. 55

Lots nos

424 et 425 FOSSILES du CALCAIRE GROSSIER, des SABLES moyens et divers, très nombreux exempl. H. A. B. C. D.

426 FOSSILES de BELGIQUE. ANTHRACIFEN de VISEC nomanien de CHERCQ et SENONIEN de localités diverses. Environ 150 espèces. . (H. E.)

427 FOSSILES JURASSIQUES DIVERS. — Environ 80 cuvettes, 300 exempl. — LIAS, BAJOCIEN, BATHONIEN, CALLOVIEN. (H. F.)

428 FOSSILES JURASSIQUES et CRETACES DIVERS. — Environ 64 cuvettes, 400 exemplaires . (H. G.)

429 FOSSILES JURASSIQUES et CRETACES DIVERS. — Environ 90 cuvettes, 275 exemplaires. H. H.)

430 FOSSILES JURASSIQUES, CRETACES et TERTIAIRES DIVERS. (H. I.)

431 FOSSILES en vrac du LUTETIEN de CHAMBORS (Seine et Oise). — Très nombreux exemplaires. (H. J.)

Beaux échantillons hors série

Lots nos

432 4 Crassatella plumbea (Desh) doubles.
(G. 1) à détailler.

433 3 Lucina gigantea (Desh) doubles.
Plus 7 valves isolées. (G. 2) à détailler,

434 **Gisortia Gisortiana**. Valenc. Montée sur Griffe manque la Spire.
3 Valves de Cardium hyppopeum. Desh.
2 Valves de Corbis pectuncularis. Lamk.
1 **Corbis pectuncularis**. Lamk **double** et en très bel état. (G. 3) à détailler.

435 3 Voluta muricina Link.
1 **Gisortia Gisortiana.** Valenc.
Type de la collect. Chevalier.
5 Voluta Cythara, Lamk. de grande taille. (G. 4).

436 1 **Cerithium Auversianum** d'Orb.
7 Voluta strombiformis Desh.
3 **Rostellaria Athleta** d'Orb ; aussi belles que possible.
(G. 5).

437 1 **Gisortia Gisortiana** Valenc.
Complète mais réparée.
2 **Gisortia tuberculosa** Desh.
1 **Trochus mitratus**.
1 Crassatella Humbea double renfermant *un exemplaire parfait de* **Clavagella**. (La perle de la collection).
1 Heliopora gigantesque du Bahonien. (G. 6).

Lots nos

438 3 **Chamas Gigas** (Desh) doubles.
1 Gisortia Gisortiana (Valenc) complète.

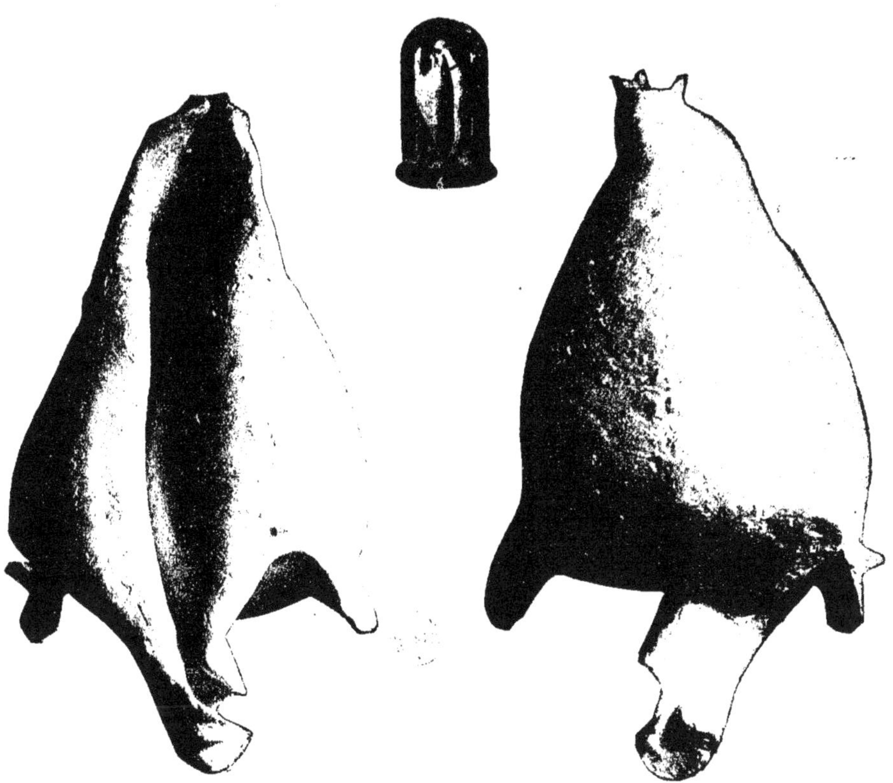

face antérieure face postérieure
Réduction au tiers

3 Natica scalariformis (Desh). (G. 7) à détailler.

439 1 **Nautilus Parisiensis** (Desh).
d'Herouval monté sur Griffes, complet et de grande taille.

Lots n^os

2 Fusus Maximus (Desh). Complets de Bougeloup. (G. 8) à détailler.

440 3 **Cérithium giganteum Lamk**. Complets et de grande taille.

1 **Rostellaria Macroptera** Lam. Complète et de grande taille.

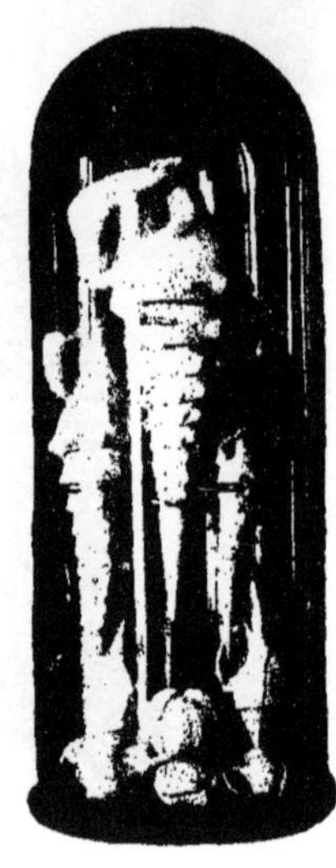

Type d'un des tubes de la collection de M. Bourdot — Renfermant tout le lot n° 440

1 **Cardium hyppopeum** ? Desh. **double**. Complet et très beau.

1 Valve de Cardium hyppopeum Desh.

1 **Cerithium Cornucopiæ,** Sow.

1 — *(en deux parties sciées)*.

8 Cerithium Benechei Desh.

2 Cerithium giganteum Lamk. Grand et de petite taille.

2 Grands fusus scalaris Lamk. (G. 9) à détailler.

441 2 Vertébrés réunies d'Ichtyosaurus, du Lias.

Lots nos

1 Lima gigantea, Desh, du Lias-sup.
1 Vertébre de Balaenoptera, du Pliocene d'Anvers.
1 Ostrea rarilamella (Desh) complète, du Boisgeloup.
3 Bois de Cervidès. Quaternaires.
(Sur meuble 3) à détailler.

442 10 Gladius Baylei du Boïsgeloup. Ces Gladius seront vendus à la pièce. (n° 344).

FIN

IMPRIMERIE C. LAURENT, AVENUE DU VANEL. PRIVAS

www.ingramcontent.com/pod-product-compliance
Ingram Content Group UK Ltd.
Pitfield, Milton Keynes, MK11 3LW, UK
UKHW020442180726
13839UKWH00004B/1577